Gabriele Wolff, 1955 in Düsseldorf geboren, lebte von 1975 bis Anfang 1994 in Köln, seitdem in Neuruppin. Studium der Rechtswissenschaft. Nach dem Zweiten Staatsexamen arbeitete sie zunächst als Anwältin in Köln, seit 1985 als Staatsanwältin in Duisburg, mit Abordnungen nach Mecklenburg-Vorpommern und Brandenburg. Seit 1994 Oberstaatsanwältin in Neuruppin. Gabriele Wolff ist Mitglied der Karl-May-Gesellschaft, in deren Schriftenreihe sie zahlreiche Beiträge veröffentlicht hat. Ihr vielbeachtetes Krimidebüt, ›Kölscher Kaviar‹, erschien 1990. Sie schreibt zur Zeit an einem neuen Roman.

Von toten Ratten & zahmen Tauben erzählt Gabriele Wolff in ihren neuen Kriminalgeschichten – subtil-diabolischen Storys aus dem Alltag des Beziehungsdschungels. Großstadt, kaputte Beziehungen und die tragikomische Privathölle zu zweit, dritt oder viert, Frauen als triumphierende Racheengel, Ärzte, die ohne Not operieren, Karrierefrauen, die auch bei der Regelung ihres Privatlebens mit rigoroser Energie vorgehen, Täter, die unversehens zu Opfern werden – bezeichnenderweise interessiert sich die schreibende Oberstaatsanwältin Gabriele Wolff als Autorin nicht für die Herstellung der irdischen Gerechtigkeit durch Polizei und Justiz. Es ist die Vorgeschichte eines Verbrechens, das sie mal ironisch-satirisch, mal anrührend und immer mit überraschendem Ausgang zu enthüllen weiß – psychologisch grundierte Kammerspiele und schrille Alltagsgeschichten mit mörderischer Pointe.

Lieferbare Titel von Gabriele Wolff im Fischer Taschenbuch Verlag: ›Kölscher Kaviar‹ (Bd. 11393), ›Himmel und Erde‹ (Bd. 11394), ›Armer Ritter‹ (Bd. 12069), ›Rote Grütze‹ (Bd. 12530), ›Liebhaber und andere Opfer. Bitterböse Kriminalgeschichten‹ (Bd. 12070); ›Still und starr ruht der See. Kleine Frauenkrimis zum Fest‹. Hg.: Gabriele Wolff (Bd. 12071).

Gabriele Wolff

Von toten Ratten & zahmen Tauben

Kriminalgeschichten

Fischer Taschenbuch Verlag

Fischer Frauenkrimi

Originalausgabe
Veröffentlicht im Fischer Taschenbuch Verlag GmbH,
Frankfurt am Main, November 1996

*(Zu den einzelnen Erzählungen siehe Quellenverzeichnis
auf den Seiten 125 bis 126)*
Gesamtherstellung: Clausen & Bosse, Leck
Printed in Germany
ISBN 3-596-13413-7

Gedruckt auf chlor- und säurefreiem Papier

Inhalt

Falscher Fünfziger

Barbara lächelte verständnisvoll. Das erwartete Hubert jetzt von ihr, genau dieses Lächeln. Und es kostete ja nichts, viel weniger jedenfalls als das Fünf-Gänge-Menü, das sie gerade konsumiert hatten. Nun saßen sie da, bei Espresso und Cognac, und Huberts Geschichten, zuvor noch zwischen zwei Bissen in seufzende Halbsätze gepreßt, strömten dahin. Es waren nicht nur Huberts Geschichten; auch Stefan, Albert und Thomas hatten sie erzählt. Deshalb fiel Barbara das Lächeln auch nicht schwer. ›Wir haben uns schon lange nichts mehr zu sagen. Wenn die Kinder nicht wären. Eine Scheidung, das würde meine Mutter nicht überleben, aber sie macht's ja nicht mehr lange... Mit dir ist es so schön, mein Gott, warum habe ich dich nicht früher getroffen...‹

»Wie alt bist du eigentlich?« fragte sie plötzlich.

Hubert grinste.

»Jung genug für dich, Babsi.« Dann wurde er ernst, nahm ihre Hand und sah ihr so intensiv in die Augen, daß sie den Blick senkte.

»Ich bin 49, die Kinder sind aus dem Gröbsten raus, und meine Frau kommt zurecht. Es ist Zeit für ein neues Leben.«

Ihr lief eine Gänsehaut den Rücken herunter. Wenn es diesmal wieder nur Lügen waren, das könnte sie nicht verkraften. Es hatte sie voll erwischt, obwohl sie sich nach der letzten Katastrophe geschworen hatte, nie wieder mit einem verheirateten Mann ins Bett zu gehen. Na ja, ins Bett gehen schon, aber auch nicht mehr. Und dann kam Hubert, und alles war vergessen. Wie immer. Barbara zog ihre Hand weg und sah ihn herausfordernd an.

»Ein paar Monate gebe ich dir. Du mußt deine Frau ja schonend vorbereiten, nicht? Und dann die Kinder, es wäre ja doch ein Schock für sie, wenn du so von heute auf morgen ausziehst, tsstss, obwohl sie das möglicherweise erst nach einigen Wochen merken würden, so beschäftigt, wie du immer bist. Merke dir nur eins, ich kenne mich aus, ich kenne alle Ausreden, jede Verzögerungstaktik, mit mir kannst du diese Spielchen nicht spielen.« Bestürzung in seinem sonnengebräunten, attraktiv gealterten Gesicht, und schon taten ihr die bösen Sätze leid.

»Hubert –« sagte sie.

»Babsi –« stammelte er.

Natürlich endete dieser Abend wie alle anderen zuvor in Barbaras Appartement, das sie am Nachmittag aufgeräumt, gesaugt, gelüftet und dessen Kühlschrank sie gefüllt hatte. Nur so, für den Fall der Fälle. Sie kannte sich einfach zu gut. Hubert rauchte seine Zigarette danach und war so entspannt, daß er um Jahre jünger aussah. Barbara legte den Kopf auf seine Brust. Dadamm, dadamm, damm, damm, damm, dadamm, damm – sein Herz schlug Kapriolen, genauso wie Huberts Gedanken, als er nun die gemeinsame Zukunft ausmalte. Kürzertreten in der Firma, mehr delegieren, den Scheidungskram voll und ganz den Anwälten überlassen, ein Segelboot kaufen, in der Welt umherbummeln...

Barbara verschwieg, daß sie schon bei leichtem Seegang kotzen mußte, und ließ ihn weiterspinnen. Sie betrachtete seinen Körper, der massiv war, ohne fett zu wirken, fuhr mit der Hand über das leicht angegraute, flaumige Brusthaar und verfolgte die sanfte Erhebung einer kleinen Narbe, die sich weiß von seiner gebräunten Brust abhob.

»Wie ist denn das passiert?« fragte sie neugierig. Hubert

unterbrach seine Schilderung eines Ferienhäuschens auf einem Seegrundstück in Mecklenburg-Vorpommern und sah sie irritiert an.

»Hörst du mir überhaupt zu? Ich erzähle dir was von einer Investition für die Zukunft, *unsere* Zukunft, wenn es dich interessiert, und du? Also wirklich!« In diesem Moment sah er aus wie ihr Chef, ganz verletztes Ego, und hier oben ist die Luft so dünn, aber ich will mich nicht beklagen... Barbara nahm zu dem Mittel Zuflucht, das immer half.

»Hubert, Liebling, ich interessiere mich nun mal für dich. Dein Geld ist mir echt egal, aber was du so erlebt hast, wer du bist... Darf ich das nicht wissen?« Sie küßte seine Narbe und legte den Kopf wieder auf seine Brust. Huberts Herz stolperte ein paarmal und schlug dann langsam und gleichmäßig, als er die Geschichte erzählte, wie er als kleiner Junge gestürzt und in die Scherben seines Limoglases gefallen war. Und er zeigte ihr auch gleich die Narbe an seinem Schienbein, Erinnerung an ein böses Foul bei einem Fußballspiel mit dreizehn. Barbara döste ein.

Als sie mitten in der Nacht aufwachte, war sie allein. Schlaftrunken, ohne Licht anzumachen, tastete sie sich durch den Flur zum Bad. Gerade, als sie die Hand auf die Klinke legte, hörte sie das Stöhnen. Hubert. Sollte sie hineingehen? Vielleicht brauchte er Hilfe? Irgend etwas hielt sie davon ab; sie hörte, wie etwas auf den Boden fiel. Huberts Fluchen und nach einer Weile das Rauschen von Wasser.

Barbara schlich zurück ins Schlafzimmer, als hätte sie etwas Verbotenes getan. Nach einer endlos langen Zeit kam Hubert, warf seinen Bademantel auf den Stuhl und ließ sich schweratmend ins Bett sinken. Barbara täuschte mit langen Atemzügen Schlaf vor. Während sie darüber nachdachte, warum sie das tat, schlief sie ein.

Am Morgen, nachdem er gegangen war, räumte sie seinen Bademantel weg. In der Tasche fand sie ein Fläschchen mit Tabletten, und sie nahm sich vor, beim nächsten Mal auf eine sanftere Art mit ihm zu schlafen. Hubert übernahm sich. Ganz offensichtlich.

Einige Wochen vergingen. Es änderte sich nichts. Noch immer wußte sie nicht, wo er wohnte, kannte nur seine Büronummer, die sie aber nur im Notfall benutzen sollte. Hubert rief sie an, und sie kam. Hubert rief sie an, und er kam. Dazwischen dieses ekelhafte Warten, und Barbara registrierte mit Schrecken, daß ihre Stimme manchmal einen zänkischen, schrillen Ton annahm, den sie selbst nicht leiden konnte. Sie ging kaum noch aus; es hätte ja sein können, daß sie seinen Anruf verpaßte. Die Wochenenden waren besonders schlimm, zähe, langweilige Sonntage, die sie neben dem Telefon verbrachte. Und immer öfter mußte sie sich zu dieser verdammten Fröhlichkeit zwingen, die Hubert so an ihr mochte. Schuft. Macker. Pantoffelheld. Das alte Muster, schon wieder.

An diesem Abend schellte das Telefon, obwohl Barbara keinen Anruf erwartete. Sie rannte dennoch, die tropfnassen Haare in ein Handtuch gewickelt, und hob ab.

»Ja«, sagte sie atemlos.

»Ich bin's, Hubert«, meldete er sich. Er klang irgendwie bedrückt.

»Du willst ja wohl nicht sagen, daß aus unserer Verabredung heute nichts wird«, platzte es aus ihr heraus, ohne eine Spur von Fröhlichkeit.

Hubert drehte und wand sich, er war witzig, zerknirscht, charmant wie ein Lausbub, und dann drückte er auch noch auf die Tränendrüse. Geburtstagsfeier seines Jüngsten, hatte er vollkommen vergessen, aber das müsse sie doch verstehen... Was war dagegen schon der Zorn einer versetzten Geliebten?

Barbara schaffte es, das Gespräch einigermaßen zivilisiert zu beenden, dann knallte sie den Hörer auf die Gabel. Sie rief einen alten Bekannten an, den sie seit Monaten nicht mehr gesehen hatte. Udo war überaus dankbar, eine Begleiterin für die Party gefunden zu haben, die ohne sie bestimmt tödlich langweilig werden würde…

Udo war schwul und immer auf der Suche nach heiratsfähigen Begleiterinnen, die seinen Ruf als Ladykiller festigen konnten. Warum eine unglücklich machen, wenn ich viele glücklich machen kann – selbst diese abgeschmackte Formel brachte er so locker, daß die Männer ihren Argwohn vergaßen und die Frauen lachen mußten.

Udo war der perfekte Tröster.

Selbstverständlich holte er sie von zu Hause ab. Selbstverständlich lobte er ihr neues Kleid und die Schattierung des Augen-Make-ups, das haargenau zu dem Blaugrau ihrer Augen paßte. Selbstverständlich erkannte er sofort, was mit ihr los war, und beklagte die Inkonsequenz verheirateter Männer.

»Schätzchen, ich weiß doch genau, wovon du sprichst«, flötete er affektiert und zwinkerte ihr zu.

Barbara lachte, wie sie seit Monaten nicht mehr gelacht hatte.

»Wohin fahren wir überhaupt?« erkundigte sie sich, als sie wieder Luft bekam.

»Mein Chef hat uns zu seiner Geburtstagsfeier eingeladen. Er wird fünfundfünfzig. Schnapszahl, und da meint er wohl, das müsse er ganz groß feiern. Aber er ist in Ordnung, wirklich. Ein ganz flotter Hecht, immer noch nicht unter der Haube, dafür alle paar Monate was Neues. Du wirst schon sehen, im Gegensatz zu mir ist bei dem nichts vorgetäuscht. Aber macht nichts, er ist sowieso nicht mein Typ.«

Udo hielt vor einem restaurierten Jugendstilhaus. Alte Bäume warfen Schatten auf den Kiesweg, dessen Knirschen allein schon von gediegenem Wohlstand kündete. Barbara seufzte. Udo ergriff fürsorglich ihren Ellenbogen und versicherte ihr noch einmal, daß sie die schönste Frau auf der ganzen Fete sein werde.

Die Haustür war offen. Aus dem Haus drangen die Geräusche einer Party im fortgeschrittenen Stadium: amüsiertes, leicht kreischendes Lachen, laute Musik und Gesprächsfetzen, die auf nichtigsten Smalltalk schließen ließen.

Udo zog sie durch das Gedränge gutgekleideter Menschen, die sich unerbittlich amüsierten; für den erforderlichen Getränkenachschub war gesorgt, wie Barbara aus den Augenwinkeln feststellte. Irgend jemand drückte ihr ein Glas Sekt in die Hand.

Sie ließ es fast fallen, als der Mann in dem weinroten Jackett sich umdrehte.

Gott sei Dank schüttelte Hubert gerade überschwenglich Udos Hand, so daß sie sich zusammenreißen konnte, bevor Udo sie vorstellte.

»Hallo, wen haben wir denn da?« sagte Hubert mit kaum angestrengter Munterkeit. Er war betrunken. In diesem Moment wußte sie, daß sie fähig war, ihn umzubringen.

»Ich heiße Barbara. Udo ist ein alter Freund von mir. Und wo ist die Dame des Hauses? Und die Kinderchen? Wohl schon erschöpft ins Bett gesunken nach dem anstrengenden Geburtstag, was?« Hubert zündete sich umständlich eine Zigarette an, um Zeit zu gewinnen. Udo berührte sanft ihre Schulter, sagte, er wolle sie alleinlassen, und zog sich taktvoll zurück. Barbara stemmte die Hände in die Hüften wie ein Marktweib. Es war ihr egal, wie sie aussah und wer sie hören konnte.

»So, und fünfundfünfzig wirst du heute, herzlichen Glückwunsch auch! Da habe ich mich wohl verhört neulich, als du was von neunundvierzig gemurmelt hast. Du Schwein, mich so zu belügen!«

Ein blonder Teenie in einem türkisfarbenem Seidenkleid schmiegte sich plötzlich an Huberts Seite und starrte Barbara an.

»Hubert, was will die Frau?« hauchte das Mädchen mit einem seelenvollen Augenaufschlag, der Barbara rasend machte.

Hubert hatte die ganze Zeit kein Wort gesagt. Jetzt sah er hilflos von dem Mädchen zu Barbara und hob die Schultern kurz an, bevor er sie wie kraftlos fallen ließ. Barbara krallte ihre Hand in den Aufschlag seines weinroten Jacketts – eine Farbe, die ihm nicht stand und die ihm garantiert Blondie aufgeschwatzt hatte – und zog Hubert zu sich heran.

»Komm jetzt mit«, zischte sie. »Ich glaube, wir haben was zu besprechen.« Hubert folgte ihr ohne ernstlichen Widerstand. Die Blonde wollte etwas sagen, aber Barbara funkelte sie so wütend an, daß sie erschreckt einen Schritt zurücktrat. Sie kreischte, als der hinter ihr stehende Gast, den sie angerempelt hatte, sein volles Glas Bier auf ihr Kleid kippte. Das geschah ihr recht, dieser Nutte. Barbara haßte die Blonde aus vollem Herzen. Da war kein Platz mehr für Mitgefühl und Verständnis. Schon gar nicht für Hubert, der neben ihr die Stufen zum Garten hinunterstolperte. Hubert stellte sich leicht schwankend vor sie hin.

»Babsi, Schätzchen«, begann er undeutlich. »Ich verstehe ja ...«

Er stank nach Alkohol, Nikotin und einem teuren Aftershave, das den stechenden Geruch von Schweiß nicht mehr überdecken konnte. Barbara spürte, wie sich ihre Mundwinkel angewidert nach unten zogen, und stieß Hubert weg. Er ruderte mit den Armen, bis er wieder sicher stand.

»Gar nichts verstehst du«, fuhr sie ihn an. »Und jetzt komm, oder sollen alle mitkriegen, was für ein Schwein du bist?« Sie zog ihn weiter, in eine dunkle Ecke des Gartens. Daß er sich so gar nicht wehrte, machte sie noch wütender. Verdammt, wenn er sich wenigstens rechtfertigen würde, zornig würde über die Art, wie sie ihn behandelte, aber nein, er stand da, mit herabhängenden Armen, bereit, Schläge einzustecken und danach weiterzumachen wie vorher. Barbara holte tief Luft. Dann schloß sie die Augen, schwang den rechten Arm nach hinten und wieder nach vorn, mit ausgestreckter Handfläche. Ein klatschendes Geräusch und ein stechender Schmerz in ihrem Handgelenk. Erschrocken öffnete sie die Augen und sah Huberts gerötete Wange, seinen offenen Mund, dessen Unterlippe zitterte. Huberts Atem ging keuchend.

»Ich wollte – dir nicht wehtun. Ich kenne mich, nach ein paar Monaten ist Schluß bei mir, normalerweise. Deshalb habe ich, du weißt schon …« Er rang nach Luft.

»Und Blondie? Was ist mit der? Was hast du der für eine Story erzählt?« Barbara trat einen Schritt auf ihn zu. Hubert wich unwillkürlich zurück. Er hatte Angst vor ihr! Und wenn schon, das geschah ihm recht, nach all dem, was er ihr angetan hatte …

»Und? Was hast du dir vorgestellt, wie es weitergehen soll? Oder enden?« Hubert sah erbärmlich aus. Sie sollte ihn in Ruhe lassen, er war doch erledigt, jetzt schon, dieser Gedanke schoß ihr durch den Kopf. Doch dann sagte er, daß er sie liebe, wirklich, es sei passiert, ohne daß er es geplant hätte, und Blondie, ja, er habe es ausprobiert, aber es habe nichts genutzt, er habe es nicht geschafft, ohne sie, Barbara, zu leben, und gerade das habe ihm Angst gemacht, und seine Geschichte, wenn sie dahintergekommen wäre, daß er sie belogen habe die ganze Zeit, wie sollte er da jemals herauskommen …

Das reichte. Sie sah wieder rot.

Dieser Lügner. Immer noch log er, er konnte wohl nicht anders. Das sollte sie ihm glauben? Sie lachte, überschnappend. Hubert verzog das Gesicht. Er griff nach seinem linken Arm und drückte ihn gegen den Körper. Es sah aus, als hielte er sich an sich selbst fest. Er wankte auf sie zu.

»Glaub mir doch, ich brauche dich«, flüsterte er. Barbara hörte auf zu lachen und musterte ihn mißtrauisch.

»Zeig es mir. Jetzt!« forderte sie. Hubert lehnte sich gegen sie, als ob er ohne ihre Hilfe nicht stehen könne.

»Laß mich«, seine Stimme war unsicher. »Nicht jetzt. Es geht mir nicht gut. Ich brauche...« Barbara dachte an die Tabletten. Trotzdem. Hubert würde sie nicht noch einmal anlügen. Nie wieder. Kein Wort würde sie ihm mehr glauben ohne Beweis.

»Wenn du jetzt gehst«, sagte sie ruhig, »ist alles aus.«

Bei Huberts Beerdigung stand sie in der ersten Reihe. Sie tat so, als ob sie die flüsternden Bemerkungen über seinen schönen Tod nicht hörte. Sie wußte es besser. Es war kein schöner Tod gewesen. Nur der Moment der Wahrheit, hell und durchsichtig, war schön gewesen: als ihm, kurz vor dem Höhepunkt, klarwurde, daß sie ihn umbrachte.

Aber da war alles zu spät.

Karrieren

Als sie endlich in ihrem Hotelzimmer war, ließ sie den schweren Aktenkoffer fallen, schlüpfte aus den hochhackigen Pumps, zog die Kostümjacke aus und warf sie achtlos auf einen Sessel. Danach ließ sie ein Bad ein, versuchte, beim Verlassen des Bades ihr Spiegelbild zu ignorieren – eine gehetzte, überschlanke Frau mittleren Alters, mit der sie nichts zu tun hatte –, und beschloß, ihren Erfolg zu feiern.

Sie zerrte an dem Reißverschluß ihres viel zu engen Rockes, den sie zu Boden gleiten ließ, und ging mit langen Schritten, wie befreit, zur Minibar. Champagner wäre angemessen, dachte sie laut, aber selbst in diesem teuren Hotel gab es nur Sekt und Plastikbecher. Kurze Zeit später saß sie in einem dieser plüschigen Sessel, die immer noch schönen Beine lang ausgestreckt, den Kopf auf die Lehne gelegt, und genoß den prickelnden herben Geschmack. Sie schloß die Augen. »Prost, Frau Dr. Ingrid Steinberg«, murmelte sie. »Das war ein exzellenter Abschluß heute.«

Sie stellte sich Mannlicher vor, den eiskalten grauen Mannlicher, wie er den Vertrag studierte mit ausdruckslosem Gesicht. Nur ein kurzes Aufblitzen seiner Augen würde ihn verraten, und irgendwann, in nicht allzu ferner Zukunft, würde das Telefon schnarren. »Frau Dr. Steinberg, Sie wissen ja, die Vakanz im Vorstand. Wir hätten da an Sie gedacht. Wie Sie die Übernahme der Chemotex gehandelt haben...« Sie griff nach einer Zigarette, der ersten nach vielen Stunden. Es war eine gute Entscheidung gewesen, während der Verhandlungen nicht zu rauchen. Keine Schwäche zu zeigen, keine entspannte Atmosphäre zuzulassen, damenhaft mißbilligend die anderen zur Abstinenz zu zwingen – das hatte wertvolle Punkte gebracht und die Entscheidung beschleunigt. Sie lachte fast, als sie an den hastigen Aufbruch im Anschluß an die Unterzeichnung dachte, jeder wie auf der Flucht nach einem ruhigen Ort, allein mit sich und der Gier nach dem erlösenden ersten Zug, manche schon beim Händedruck mit der Linken in der Jackettasche kramend, in der sich ein Feuerzeug befunden haben mochte oder die Zigaretten...

Ingrid sah auf die Uhr. Nur noch zwei Stunden bis zu dem Abendessen mit Christian. Dem Verlierer. Dem alten Studienkollegen. Dem kurzfristigen Liebhaber aus fernen Tagen. Sie mußte sich beeilen. Sie wußte aus Erfahrung, daß es viel länger als früher dauerte, strahlend und schön auszusehen, besonders nach so einem Tag. Aber für die paar Stunden eines Abendessens bei Kerzenschein würde es ihr noch gelingen, jene charmante und verführerische Frau zu sein, als die sie sich manchmal immer noch fühlte. Christian sollte nicht glauben, daß sie nur die knallharte Geschäftsfrau war, die er in den letzten beiden Tagen kennengelernt hatte. Die Firma brauchte ihn noch, nicht als frustrierten ehemaligen Betriebsinhaber, sondern als engagierten leitenden Angestellten. Sie würde das schon schaffen, seine Niederlage zu versüßen...

Ingrid trank den letzten Schluck und stellte den Plastikbecher ab. Noch eine Zigarette, während das Badewasser einlief, und dann in das warme duftende Wasser gleiten, die verspannte Schultermuskulatur lockern und ein wenig träumen. Es war so einfach zu träumen, wenn der Körper schwerelos und träge schwebte, nichts mehr wehtat und der dichte Schaum barmherzig die Spuren des Alters verdeckte, das die teuren Cremes und Lotionen nicht hatten aufhalten können. Wie kam es nur, daß die Haut so lose und faltig um Knochen und Muskeln hing und dennoch denselben Hunger wie früher nach Berühren, Zärtlichkeiten und Wärme hatte, als ob es Liebhaber in Hülle und Fülle gäbe...

Das Telefon mußte schon eine ganze Weile geschellt haben. Ingrid hob ab.

»Ein Gespräch für Sie.«

»Ja, Steinberg hier«, sie war nervös. Später wußte sie, warum ihr schon in den wenigen Sekunden zwischen der Vermittlung des Telefonats und ihren eigenen Worten klargeworden war, daß es sich um einen von diesen Anrufen handelte, vor denen sie am meisten Angst hatte. Es waren die Hintergrundgeräusche, vor denen die Stille, die nun folgte, zu einem Hilfeschrei wurde, einem Vorwurf, der sie mitten ins Herz traf. Die Ansage eines Intercity nach Hamburg. Vorsicht auf Gleis 9 bei der Einfahrt des Zuges. Das Grölen von betrunkenen Pennern.

»Hallo, wer ist da? Melden Sie sich doch!« Ihr Herz klopfte. Nirgendwo war sie sicher. Selbst in einer fremden Stadt, in einem fremden Hotel erreichten sie diese Anrufe.

»Was soll das? Wenn Sie mit mir sprechen wollen, sagen Sie etwas...« Dabei fürchtete sie nichts mehr, als diese Stimme zu hören. Ingrid zwang sich, den Hörer aufzulegen. Die Stille in diesem Hotelzimmer war nicht auszuhalten. Sie sprang auf und schaltete das Radio ein, suchte einen Sender mit seichter Musik. *Forever young*, das paßte doch, oder etwa nicht? Sie drückte so heftig auf die Suchlauftaste, daß ihr künstlicher Fingernagel abbrach. Der Abend war ruiniert.

»Bitte stellen Sie keine Gespräche mehr durch«, sie sprach mit ihrer Geschäftsstimme, die kompetent und kühl klang. Ihre Unterlippe zitterte.

Die Bewunderung in seinen Augen tat gut. Christian hatte keine Ahnung davon, wieviel Anstrengung dieses Aussehen gekostet hatte, und sie nahm sie lächelnd wie einen verdienten Lohn entgegen. Ihr frischgewaschenes, dezent gefärbtes Haar trug sie locker aufgesteckt, ein paar Strähnen, sorgfältig herausgezupft, fielen ganz natürlich in die Stirn. Perlenohrringe und eine passende Kette über einem hochgeschlossenen Leinenkleid, das die Vorzüge ihrer Figur zur Geltung brachte. Alles stimmte, bis hin zu dem perfekten Make-up.

»Frau Dr. Steinberg, Sie sehen großartig aus«, sagte Christian lächelnd, »oder darf ich jetzt endlich wieder Ingrid zu dir sagen?« Er hatte sich überhaupt keine Mühe für den heutigen Abend gemacht, trug denselben grauen Anzug, den er schon den ganzen Tag getragen hatte. Sogar das verknitterte hellgraue Hemd war dasselbe. Immerhin hatte er einen weinroten Schlips umgebunden und ein gleichfarbenes Tuch in die obere Tasche seines Jacketts gestopft, aus der es halb verknüllt heraushing. Ingrid mußte lachen. Christian würde sich nie ändern, auch wenn er weniger Haare als früher hatte und sich seine blauen Augen zwischen schwere Lider und Tränensäcke zurückgezogen hatten: Er war immer noch derselbe junge Christian mit seinem Hang zum Unkonventionellen und Abenteuer.

»Ach, Christian, natürlich duzen wir uns noch. Was meinst du, wie mir das schwergefallen ist die letzten Tage, dieses Herr-van-Wegeren-Getue, aber es hätte nicht sehr professionell gewirkt in dem ganzen Rahmen, wenn wir uns geduzt hätten. Mein Gott, ich hätte nicht gedacht, daß wir uns auf diese Weise wiedersehen würden, nach all diesen Jahren...«

Er grinste irgendwie merkwürdig, als glaube er ihr nicht, als hielte er es für einen besonders geschickten Coup der Gegenseite, daß man gerade sie als Verhandlungsführerin ausgesucht hatte. Sein Grinsen machte sie so wütend, daß sie den Blick senken mußte. Ingrid beschäftigte sich mit der Speisekarte, als ob sie das immer gleiche Angebot in diesen bemüht gehobenen Hotelrestaurants mit ihren blasierten Kellnern nicht schon auswendig kannte. Christian wählte ohne Rücksicht auf seine leicht aus dem Leim gegangene Figur Lauchcremesuppe mit Krabben, Hirschbraten an oder auf irgend etwas widerlich Fettem, Mousse au chocolat auf Fruchtspiegel. Und ein großes Bier, welche Sorten führen Sie? Ingrid bestellte Feldsalat mit Früchten und Zanderfilet, kein Dessert, bitte. Und einen trockenen Weißwein, ja, der Entre deux Mers passe wunderbar. Ihre Stimme zitterte leicht. Vielleicht war es Christians intensiver Blick, als prüfe er, ob sie noch die gleiche war wie früher trotz des souveränen Auftretens; vielleicht war es aber auch der Anruf, der sie so aus dem Gleichgewicht gebracht hatte. Zumindest war sie froh, daß das Ritual des Zigarettenanzündens sie einen kurzen Moment davon abhielt, über Christians Schulter die Eingangstür des Restaurants zu fixieren, fluchtbereit wie jagdbares Wild.

»Wie geht's dir?« fragte sie ernst.

»Du meinst, nachdem du mir und meiner Selbständigkeit den Todesstoß versetzt hast?« entgegnete er spöttisch. »Danke, bestens. Du hast mir ja eindeutig klargemacht, daß meine Firma so gut wie pleite war, unsere Außenstände Abschreibungsposten und unser Inventar Schrott. Eigentlich habe ich ja noch Glück gehabt, so einen wohldotierten Vertrag als leitender Manager zu kriegen.«

»Christian, ganz so war es auch nicht. Ich meine – ich verstehe meinen Job nun mal, und letztlich ist der Preis fair.« Sie lächelte ihn an. Wenn er nicht gleich antwortete, würde sie schreien. Was tat er so verletzt? Weil sie eine Frau war? Weil sie sich in grauer Urzeit einmal geliebt hatten? Wie war er überhaupt im Bett gewesen? Immer gleich, daran erinnerte sie sich noch genau. Es waren nur drei oder vier Begegnungen gewesen, aber alle waren sie nach seiner Regie abgelaufen, immer im Bett, immer erst, nachdem er sorgfältig die kitschigbunte Tagesdecke abgezogen hatte, immer mußte sie ihn anfassen, bevor es bei ihm lief.

»Findest du? Trostpflästerchen konntest du noch nie verteilen. Solltest du aber, schließlich müßt ihr mich bei Laune halten.« Er trank sein Bier in tiefen Zügen, leerte das Glas, stöhnte tatsächlich genießerisch und wischte den Schaum von den Lippen, bestellte mit einer lässigen Handbewegung ein neues.

»Du hättest nicht verkaufen müssen«, sagte sie ärgerlich.

»Ach nein? Nachdem ihr mich über Monate mit Dumpingpreisen unterboten habt, hätte ich nicht verkaufen müssen? Ingridkind, lassen wir das. Du bist nicht besser als ich, du hast nur die stärkeren Bataillone. Prost, meine Liebe. Reden wir über etwas anderes. Reden wir über dich. So eine Topfrau wie du, hat sie noch ein Privatleben? Was macht Wolfgang?«

Dieses Schwein. Umbringen könnte sie ihn. Und könnte es keinem Menschen erklären. Was war denn schon los? Sie saß da mit einem nicht schlecht aussehenden Mann in einem guten Restaurant, die Vinaigrette ihres Salats war perfekt, das Gespräch in charmantem Plauderton, eine harmlose Frage nach ihrem Mann... Sie nippte an ihrem Wein, bevor sie antwortete, vollkommen beherrscht.

»Wolfgang und ich haben uns getrennt, mein Gott, das ist schon fast nicht mehr wahr, so lange ist das her. Du weißt schon, wie das ist, man lebt sich auseinander...«

»Hat er nicht eine Pleite hingelegt? An irgend so etwas erinnere ich mich schwach. Na ja, eine Leuchte war er schon zu Studienzeiten nicht, nicht so wie unser As in Statistik und Bilanzwesen, unsere kleine Ingrid. Weißt du, daß wir damals beide in dich verknallt waren? Ach, natürlich weißt du das. Wolfgang hat dich mir ja ausgespannt.«

Sollte er es ruhig glauben, daß sie ihn wegen eines anderen verlassen hatte. Mutete dem Ego wohl weniger zu als die Erkenntnis, daß er ihr schlicht zu langweilig geworden war. Sollte er doch ruhig in alten Erinnerungen schwelgen, wenn ihm danach war, solange er nur nicht von Wolfgang sprach.

Der Kellner brachte den Hauptgang. Christian hielt es wohl für ein Zeichen von jugendlicher Revolte gegen bürgerliche Verhältnisse, Messer und Gabel gegeneinanderzuwetzen, als könne er es nicht mehr abwarten, bis der Teller endlich vor ihm stand: Hirschbraten in reichlicher tiefbrauner Sauce, Preißelbeeren auf kunstvoll geschnitzter Orangenscheibe, Serviettenknödel, mit Speckstückchen und Petersilie bestreut, und noch eine gesonderte Schüssel mit Rotkohl. Ihr Magen spielte verrückt. Allein der Anblick, wie er den Rotkohl auf den übervollen Teller häufte, in den Braten hieb, die Gabel mit dem ersten Bissen so gierig in den Mund schob, daß die Zähne häßlich klickend gegen die Zinken schlugen, und dann sein saucenbekleckertes Kinn mit der Damastserviette abtupfte, ließ ihr den Appetit vergehen. Sie trank noch einen Schluck, dann stellte sie das Glas abrupt ab. Sodbrennen, auch das noch. Das konnte nicht an Christian liegen. Männer war sie gewöhnt, sie hatte fast nur mit Männern zu tun und kannte all ihre Methoden, eine Konkurrentin auszuschalten. Wieder irrte ihr Blick zu der Tür. Wenn sie nun aufginge und...

»Du ißt ja gar nichts«, Christian sprach mit vollem Mund. »Also, wenn dein toter Fisch so gut ist wie mein Braten, verpaßt du was. Wo waren wir stehengeblieben? Ach ja, Wolfgang. Hast du noch Kontakt zu ihm? Wo ist er denn untergekrochen nach dem Konkurs?« Er spießte ein Stück Knödel auf, tunkte es in die schwere Sauce und führte die Gabel zum Mund. Auf halbem Weg hielt er inne, als sei ihm plötzlich etwas eingefallen, etwas, das wichtiger war als die Nahrungsaufnahme. Ingrids Herz klopfte. Sie nahm etwas Fisch und kaute. Ihre Geschmacksnerven schienen betäubt zu sein. Außer dem Gefühl, etwas Trockenes, Faserig-Zerfallendes im Mund zu haben, war da nichts.

»Tut mir leid«, erklärte Christian mit dem passenden Ausdruck von Betroffenheit. »Da rede ich so gedankenlos her und habe vollkommen vergessen... eben gerade fiel es mir wieder ein, schlagartig – ich habe es wohl verdrängt. Selbstmord, stand doch damals in allen Zeitungen, jedenfalls hinterher habe ich die Artikel gelesen, nach meiner Rückkehr aus den Staaten. Es ist wohl so, wenn man nicht selbst auf der Beerdigung war, glaubt man nicht daran, daß jemand wirklich tot ist. Du warst damals auch außer Landes, oder? Wer weiß, vielleicht wäre das nicht passiert, wenn wir da gewesen wären. Entschuldige.«

Mit einer fahrigen Bewegung griff sie nach dem Glas. Erst als sie trinken wollte, bemerkte sie, daß es leer war. Alle hatten es gesehen, Christian, die Spesenritter vom Nachbartisch, der Kellner, der nun eilfertig herbeischritt und höflich fragte, ob er noch eine Karaffe bringen könne. Ingrid nickte und nahm sich zusammen.

»Wir waren damals schon geschieden«, sagte sie ruhig. »Wolfgang war nicht zu helfen. Er war schwach, kein Funke von Verantwortung. Sonst hätte er das nicht getan, zwei Zimmer weiter schlief das Kind.« Ihr größter Fehler bis jetzt. Was für eine Vorlage. Und wo war die Mutter? Wieso überläßt sie ihr Kind diesem egoistischen Schwächling ohne Verantwortungsgefühl? Stipendium für einen Business-Kurs in der Schweiz? Promovieren will sie, so so.

Sie schob den Teller weg, der nahezu unberührt war. Die Stiche im Magen wurden heftiger, dafür ließ das Sodbrennen nach. Der Kellner schenkte Wein ein, nahm ihren Teller wie selbstverständlich mit. Christian kratzte noch den letzten Rest der Sauce auf die Gabel, dann ließ er sein Besteck geräuschvoll auf den Teller fallen.

»Das war gut. Komisch, ich kann immer essen, auch wenn einem so etwas an die Nieren geht... Ich meinte es nicht so. Wirklich.«

Sie war fast bereit, ihm zu glauben, aber als er eine Zigarette anzündete und den Rauch genießerisch ausstieß, die Augen zusammenkniff und sie plötzlich nach ihrer Tochter fragte, wußte sie, daß dieses Essen ein Kampf war. Es ging um Vernichtung, er oder sie, und ihr wurde es kalt. Sie erzählte ihm von ihrer Tochter, die in den USA lebte, verheiratet, zwei Kinder, Schmuckdesignerin, der Mann Bankdirektor, Bill, ein lieber Kerl, treuer Ehemann, perfekter Vater, Chicago, ja, in einem dieser gepflegten Vororte, Skihütte in Montana, Sommerferien in Martha's Vineyard. Zweimal im Jahr fahre sie nach drüben, es sei wie Urlaub, an diesem Glück teilzunehmen...

Es machte ihr nichts mehr aus zuzusehen, wie er die Mousse au chocolat in sich hineinschaufelte, zum Espresso einen Cognac nahm und dazu eine stinkende Zigarre rauchte. Sie würde gewinnen. Das Schlimmste war überstanden. Sie nahm seine gedrechselten Komplimente lächelnd entgegen. In allen schwangen die ungesagten Worte »...für dein Alter« mit. Dieses Schwein hatte die Nerven, ihre Haarfarbe lobend zu erwähnen. Sie war kurz davor, eine zynische Aufklärungsstunde über schminktechnische Kniffe von Frauen in ihrem Alter abzuhalten, rächte sich aber nur, indem sie ihn mit bleckenden Zähnen anlächelte und ihm den Rauch direkt in die Augen blies.

»Was für ein schöner Abend«, sagte er vor ihrer Zimmertür und streichelte ihre Wange.

»War er das?« fragte sie zurück. Ingrid wußte genau, wie er vorgehen würde. »Ist er denn schon vorbei?« Halbgeschlossene Augen, Kopf leicht zur Seite geneigt. Männer sind simpel konstruierte Wesen. Vergiß das nicht.

Natürlich küßte er sie. Natürlich fuhr er mit der Hand ihre Wirbelsäule entlang, knetete ihren Hintern, umfaßte ihre Brust. Immer mit der linken Hand, die rechte hielt ihren Nacken wie in einem Schraubstock fest und erzwang den richtigen Neigungswinkel. Mein Gott, wie fantasielos. Gleich würde er zu schnaufen anfangen, Fehlalarm, wie früher schon. Jetzt löste seine rechte Hand ihren Griff. Sie würde an ihrer linken Schulter entlangwandern, den Arm streifend, ihre Hand erfassen und sie gegen seinen Schwanz drücken. Es wurde Zeit, das Zimmer aufzuschließen. Sie nahm den Schlüssel und schloß auf, bemüht, den körperlichen Kontakt nicht zu unterbrechen. Er küßte immer noch so feucht und unbeherrscht, als wenn er in den über fünfundzwanzig Jahren nichts dazugelernt hätte.

»Ach, Ingrid, es ist, als wenn die Zeit stehengeblieben wäre. So oft habe ich an dich gedacht, so oft. Du machst mich immer noch an.« Als sie zurückwich, die Tür war bereits geöffnet, hörte er für einen Moment irritiert auf. »Vergiß es, vergiß das von vorhin, ich war verletzt, das stimmt, aber in Wirklichkeit – oder darfst du nicht? Als Vorgesetzte mit einem Filialleiter? Ich will dich, so habe ich noch keine Frau gewollt.« Wäre in ihrer viel zu kleinen Handtasche ein Messer gewesen, hätte sie es ihm zwischen die Rippen gestoßen. So wartete sie nur auf den Moment, in dem er ihre Hand gegen den Reißverschluß seiner Hose drückte. Obwohl er sofort wie in wilder Erregung stöhnte, war nichts zu spüren. Gar nichts. Ein friedlich schlafender Schwanz, der noch handfester Überredung bedurfte.

Ingrid wandte sich ab.

Er war zu überrascht, sonst hätte er sie festgehalten.

»Wollen allein reicht nicht«, sagte sie. »Weder im Geschäft noch in der Liebe.«

Ein Satz wie ein Messer, tödlicher noch, das sah sie seinem Gesicht an, dessen Ausdruck von geiler Blödheit über Fassungslosigkeit in Wut wechselte. Rasch drückte sie die Tür zu, schloß ab, ließ sich an der Tür entlanggleiten, bis sie auf dem Boden saß, von einem krampfhaften Lachen geschüttelt. Je wüster er sie beschimpfte, desto mehr lachte sie.

Irgendwann war es still. Sie hatte Tränen in den Augen, als sie ins Bad ging, um sich abzuschminken. Ein guter Abschluß, dachte sie. In jeder Beziehung. Sie war todmüde, als sie ins Bett fiel.

Den Telefonhörer nahm sie im Halbschlaf ab. Da waren sie wieder, die Hintergrundgeräusche. Doch diesmal sprach die Stimme, die sie so gut kannte, fürchtete. Die wie eine Faust in die Magengrube fuhr, die Eingeweide zusammenpreßte, den Atem abdrückte.

»Was willst du von mir? Geld, einen Anwalt? Geh zu Dr. Mostrow, der wird dir helfen. Du weißt, was passieren muß, bevor ich mich wieder auf dich einlasse. Keine Versprechungen mehr. Ich will Taten.« Sie rang nach Luft. Diese Stimme, langsam, mit vielen Pausen, verschwommene Aussprache, kläglicher, demütiger Ton.

»Woher hast du überhaupt meine Nummer? Von der Firma? Hast du gesagt, wer du bist?« Jemandem mit dieser Stimme konnte doch keiner Auskunft gegeben haben, wie sollte es eine Verbindung geben zwischen ihnen, wie konnte man nur glauben, daß es da eine Verbindung gebe...

Sie legte kraftlos den Hörer neben die Gabel. Selbstverständlich würden die an der Rezeption morgen sagen, daß man geglaubt habe, es handele sich um einen Notfall, oder daß die Tagesschicht leider vergessen habe, ihren Wunsch nach Ruhe zu notieren. Was für eine Welt. Was für ein beschissenes Leben. So konnte es nicht weitergehen. So würde es nicht weitergehen. Es mußte etwas geschehen.

Es war schon nach 23 Uhr, als der ICE in den Hauptbahnhof einfuhr, die Fahrt ein behütetes Rauschen durch die Nacht, das ewig hätte dauern können. Sie mußte eingenickt sein... Hastig zog sie ihren Wintermantel an, schlang den Schal um den Hals und griff nach ihrer Aktentasche. Selbst der Bremsvorgang, früher ein schrilles Kreischen von Metall auf Metall, kam ihr vor wie sanftes Gleiten in die Wirklichkeit, der sie sich spätestens in der Bahnhofshalle würde aussetzen müssen. Der Bahnsteig war nahezu ausgestorben, kein Wunder bei den Temperaturen.

Sie fuhr die Rolltreppe hinunter mit diesem Blick, der auf unendlich eingestellt war. Jetzt nur noch die Halle durchqueren und draußen in ein Taxi fallen, das sie sicher nach Hause brachte in ihre aufgeräumte Wohnung mit Blick auf den Stadtwald. Sie würde es nicht schaffen , das merkte sie schon nach wenigen Schritten. Warum war sie nur im Zug eingeschlafen, dort hätte sie doch in aller Ruhe die Toilette benutzen können, statt dessen mußte sie dieses widerlich stinkende Bahnhofsklo benutzen, ein Fünfzig-Pfennig-Stück hervorkramen, das Drehkreuz passieren und sich in einer Kabine einschließen, in der es noch nicht einmal Toilettenpapier gab...

Ingrid war froh, daß sie Schritte hörte, das Rauschen von Wasser, eine gesummte Melodie, die seltsam hallte in dem gelblich gekachelten Raum, der keine dauerhaften Graffitis zuließ. Erleichtert zog sie an der Kette des Spülkastens. Ein Wasserfall ergoß sich in die vergilbte Schüssel. Mit einem Sprung versuchte sie, den uringetränkten Spritzern zu entgehen, zu spät, den Mantel mußte sie in die Reinigung geben, und als sie endlich draußen war, wußte sie, daß das Schlimmste noch kommen würde.

Die schwarzgekleidete Gestalt eines jungen Mädchens kauerte auf dem Boden. Aus den Ärmeln einer verschlissenen Lederjacke ragten dünne, von eitrigen Pusteln übersäte Handgelenke, die es nach oben und nach unten drehte an geradegestreckten, zwischen die Knie geklemmten Armen. Auf beiden Handrücken waren Einstiche zu erkennen. Der Kopf des Mädchens war so tief nach unten geneigt, daß die schwarzgefärbten Haare sein Gesicht völlig verdeckten. Es summte noch immer die Melodie, die Ingrid vor wenigen Augenblicken mit so viel Erleichterung wahrgenommen und die ihr nun einen Schauer den Rücken herunterlaufen ließ, *Strangers in the night*, was mochte dieses Kind mit dieser sentimentalen Barmusik nur verbinden, das war doch ihr Lieblingslied...

Auf Zehenspitzen schlich sie sich zur Tür. Als sie die Klinke in der Hand hatte, war die Gestalt hinter ihr. Eine Hand riß an ihrer Umhängetasche. Ingrid fühlte kalten Stahl an ihrem Hals. Sie erstarrte.

»Her mit der Knete«, eine rauhe Stimme, die zu dem zarten Wesen nicht paßte.

»Darf ich meinen Koffer abstellen? Dann gebe ich dir das Geld«, sagte Ingrid. Das Messer an ihrem Hals zitterte.

»Okay, aber keine Tricks.«

Ingrid stellte den Aktenkoffer ab und richtete sich langsam wieder auf. Die Hand mit dem Messer folgte jeder ihrer Bewegungen, auch als sie sich jetzt nach links wandte, die Handtasche öffnete und das Portemonnaie hervorholte. Gott sei Dank hatte sie ihre Scheckkarte und die Kreditkarten in der Brieftasche in einem Seitenfach, und genug Geld für Stoff hatte sie auch noch... Das Mädchen entriß ihr das Portemonnaie und gab ihr einen Stoß, der sie gegen die Tür taumeln ließ. Sie konnte den Aufprall gerade noch abfangen.

»Hau ab. Verschwinde!« schrie die junge Frau. »Und geh ja nicht zu den Bullen, wir haben dich im Blick, von uns gibt's viele, viel mehr, als ihr so denkt. Was willst du hier noch, nun hau doch endlich ab!« Ihre Stimme überschlug sich.

Ob Ingrid es in diesem Moment schon wußte, war ihr auch Tage später nicht klar, auch nicht, woher sie die Wut nahm, den Aktenkoffer zu nehmen und ihn mit großer Wucht, sich um die eigene Achse drehend, in Richtung der schwarzgekleideten Gestalt zu schleudern. Sie spürte nicht, an welchem Körperteil sie das Mädchen getroffen hatte, hörte nur den Schmerzensschrei und das Klirren des Messers, das auf den Kachelboden fiel. Sie schlug noch einmal zu. Die junge Frau riß schützend die Arme hoch und trat einen Schritt zurück. Sie verlor das Portemonnaie. Ingrid ließ den Koffer los, der gegen das Waschbecken prallte und mit einem dumpfen Geräusch sich öffnend gegen die Wand schlug. Sie bückte sich nach dem Messer und dem Portemonnaie und steckte beides ein. Schweratmend sah sie die junge Frau an, aus der der letzte Funke Energie gewichen war.

Ingrid schaute in ihr Gesicht.

Blasse Haut, die sich straff über den Wangenknochen spannte. Hellblaue blicklose Augen, umrandet von dramatischem Schwarz, Haare, Haut und Augen, das war nicht Claire, aber der nervöse Mund, der ein Eigenleben zu führen schien, daran würde sie sie immer erkennen, auch an dem schiefen Eckzahn, den sogar die widerwillig erduldeten Zahnspangen nicht in Reih und Glied zwingen konnten...

»Claire«, sagte sie leise. »So weit ist es also mit dir gekommen.«

Ihre Tochter schüttelte die schwarzen Zotteln vor das Gesicht. »So nennt man mich schon lange nicht mehr. Ich heiße Stony. Wegen Steinberg.« Sie lachte. »Kann doch deinen kostbaren Namen nicht besudeln. Gosse ist Gosse.« Sie warf die Haare wieder zurück und starrte Ingrid schweigend an.

»Und jetzt? Was erwartest du jetzt von mir? Was du vorhin von mir wolltest, nur jetzt freiwillig? Hier, da hast du dein Geld, kauf dir den nächsten Schuß, dann geht's dir wieder gut...« Ingrid warf ihr ein paar Scheine hin, drehte ihr den Rücken zu, und kroch auf allen vieren unter das Waschbecken, tastete nach den Papieren, weiße verschwimmende Flecke auf verklebtem, schmierigem Boden, glänzende Klarsichthüllen, Hefter, raffte die Gegenstände zusammen und warf sie in den Koffer, so, wie sie waren: ungeordnet, verschmutzt, bedeutungslos geworden. Sie wollte nur noch weg. Aber Claire stellte sich ihr in den

Weg, stopfte ihr das Geld in die Manteltasche, schrie herum, irgend etwas von denk mal darüber nach, warum ich so geworden bin. Ja, klar, die Mütter sind immer schuld, wie lange willst du das sagen, bis du achtzig wirst? Dein Geld brauche ich nicht, da gehe ich lieber auf den Strich, ehrlich verdiente Knete, komm sieh es dir an, Zerren an ihrem Mantel, wieso zerrt sie an meinem Mantel? Du bist ja verrückt, dich nimmt sowieso keiner! Komm schon mit, ich zeig's dir...

Das letzte Bild war dann sehr klar. Der schwabbelige Typ mit Brille, Speichelfäden im Mundwinkel, wie er Claire in die Knie zwingt, ihren Kopf nach unten drückt, seine verwaschene Unterhose, davor Claire mit halbgeöffnetem Mund, Ekel verzerrt ihr Gesicht, ihre Augen mit dem Glanz eines verrückten Triumphes. Ingrid ballt die Fäuste, spürt den Griff des Messers in ihrer Manteltasche. Claire kreischt, der Mann murmelt, was wollen Sie von mir, ich habe doch bezahlt, sein nach Schnaps riechender Atem ganz nah.

Das blutige Messer wirft sie in das Pissoir.

»Mami, was hast du bloß gemacht?« fragt Claire. Zum ersten Mal sieht sie sich ähnlich.

»Der Mantel mußte sowieso in die Reinigung«, sagt Ingrid und kichert. Im Spiegel sieht sie ihr Gesicht, die Haare noch in Ordnung, das Make-up bis auf den Lidstrich tadellos, nur ihre Wangen ein wenig erhitzt. »Auf Dunkelblau sieht man kaum etwas. Eine praktische Farbe. Komm, wir gehen nach Hause.«

Aneinandergeschmiegt verlassen sie den Bahnhof. Keiner dreht sich nach ihnen um.

Täubchen

Ringsherum brauste der Verkehr, vierspurig. Eigentlich nur dreispurig, denn auf der innersten Fahrspur parkten die Fahrzeuge, deren Fahrer zuvor, unbeeindruckt von dem Hupkonzert hinter ihnen, den Platz langsam umkreist hatten auf der Suche nach einem der raren, gerade freiwerdenden Parkplätze. Nach einem kurzen Halt folgten sie dem ausparkenden Fahrzeug, hielten parallel zu dem Wagen vor der Parklücke an und legten den Rückwärtsgang ein. Ein Blick in den Rückspiegel, und es hieß wieder einmal warten.

Die Mutti in dem nachfolgenden Uno hatte natürlich gepennt und angenommen, man habe aus Höflichkeit den Wagen vorgelassen; weit gefehlt, und jetzt ging sie so spät in die Eisen, daß ihr der Schweiß auf der Stirn stand, als ihr Kleinwagen Zentimeter vor der hinteren Stoßstange von Kalles Straßenkreuzer zum Stehen kam. Hektisch äugte sie nach hinten und nach rechts, legte den Rückwärtsgang ein, während Kalles tätowierter Unterarm ungeduldige Halbkreise in die Luft malte. Nun fahr schon, Olle, und gleich würde er es durch die geöffnete Fahrertür nach hinten schreien, nebst »Haste Tomaten uff die Oogen oda wat?« als Zugabe: Muttchen verstand, setzte ihren Wagen zurück und bremste heftig, als der Mercedes hinter ihr hupte. Jetzt hatte sie auch noch vor Schreck den Motor abgewürgt und hob verzweifelt die Hände, während der Mercedes rasant in eine Lücke auf der nächsten Spur schoß, die allenfalls einem Golf Platz bot, wenn der nachfolgende PKW nicht gebremst hätte. Irgendwie schaffte es die Lady, den Motor wieder anzulassen, dann blinkte sie und saß nur noch da, als warte sie auf eine Eingebung. Kalle stieg aus und ging auf ihren Wagen zu. Klarer Fall, ein Kennzeichen von drüben, einer dieser unverständlichen Dreibuchstaben-Kreise, OPR, sollte das etwa Ostpreußen heißen? Mutti duckte sich hinter ihr Lenkrad, so daß nur noch ihre angstgeweiteten Augen unter eisgrauer Dauerwelle zu sehen waren. Kalle spuckte aus; so nah war er dem Lachen noch nie gewesen an diesem Tag. Die dachte wohl...

»Ick vagreife mir nich an Weiber«, murmelte er und trat mit einem Fuß auf den weißen Strich, der die Fahrbahn markierte. Sein gedrungener Körper neigte sich in den Strom der Fahrzeuge, die unablässig diesen verdammten Platz zu umkreisen schienen, obwohl es immer wieder andere Autos waren, woher die alle nur kamen, und was wollten die hier überhaupt?

Fast zornig zeigte er ihnen die linke Handfläche, während sein rechter Arm ungeduldig die stinkende Luft schaufelte. Muttis Kleinwagen ruckelte ein wenig nach rechts, viel zu zaghaft natürlich. Die würde hier noch drei Stunden stehen, kapierte die denn nicht, was hier abging? Kalle tippte gegen seine Stirn. Immerhin, nun hielt einer an, mit einer großzügigen Geste ließ er ihr den Vortritt. Muttchen strahlte, und während sie vor lauter Glückseligkeit erneut den Motor abwürgte, saß Kalle schon in seinem Schlitten, lauernd, mit nervösem Fuß auf dem Gaspedal. Dann die elegante Choreographie, als sie sich endlich in den Verkehrsstrom einreihte und Kalle in einer gegenläufigen Bewegung rückwärts einparkte. Perfekt, genau der richtige Abstand zum Bordstein und soviel Platz, daß man nicht wie ein Bekloppter rangieren mußte, wenn man wieder losfuhr. Er schaltete das Radio ein und suchte seinen Lieblingssender. Arno und die Morgencrew kalauerten sich durch den Vormittag. Doro E. Mannstoll schwärmte von dem Hoch Bastian über dem Kudamm-Carré und dem blauen Himmel über Brandenburg, bevor sie wieder zum Schweigen und spitzen Kichern über Arnos geile Witze verurteilt wurde. Kalle grinste und steckte sich eine Zigarette an.

Sein Blick fiel auf den Kiosk in der Mitte des Platzes. Vor dem Kiosk waren Zeitschriftenständer aufgestellt. Die Schlagzeile des Kurier konnte er sogar von seinem Standort aus erkennen: »Eine 5 in Mathe – Schülerin sprang in den Tod.« Na wenn schon. Es gab sowieso zu viele Gören auf dieser Welt. Neben dem Kiosk, auf einer der dort plazierten Bänke, saß ein Mädchen in Jeans und weißem T-Shirt. War wohl nichts mit einem ungestörten Plausch mit Verena. Diese kleine Klette würde alles daran setzen, ein Gespräch mit ihrer Mutter unmöglich zu machen. Cindy war so ein Typ, der nachts in Mamis Schlafzimmer stürzen würde, nur um sie beim Bumsen zu stören. Und dann noch mit so einem kindlich-verstörten Gesichtsausdruck, der mütterliche Gefühle auslöst, so sicher wie das Amen in der Kirche. Egal aus welchem Grund, den würde sie schon finden, Angst vor Gewitter, ein Alptraum, die Nachwirkungen von verbotenerweise reingezogenen Horrorvideos. Ein raffiniertes Biest war sie, hundertprozentig. Kalle kannte sich aus mit Frauen. Und mit zwölf oder dreizehn, da fing das ganze Theater doch schon an. Schade, der Tag hatte so gut begonnen. Er warf die Zigarette aus dem geöffneten Wagenfenster und stieg aus. Verena war mehr als einen Versuch wert.

Cindy setzte die Kopfhörer des Walkman auf und schloß die Augen. Obwohl der hämmernde Rhythmus ihrer Lieblingsband sonst immer wirkte, war es heute anders. Das Karussell ihrer Gedanken drehte sich nur schneller, anstatt angehalten zun werden; was sonst betäubte und auslöschte, machte heute alles schärfer, klarer und aggressiver. Scheißtyp. Scheißtyp. Hau ab. Hau ab. Die Musik zwang zur Bewegung, wenigstens das. Mochte sie auch blöde aussehen, wie sie so dasaß und mit dem Kopf wackelte, dafür konnte sie aber den Typen, der gleich mit Mutti rummachen würde, ignorieren. Sie blinzelte unter gesenkten Lidern hervor und sah die kurze, stämmige Gestalt näherkommen. Und sie starrte auf ihren eigenen Bauch, der durch die engen Jeans in zwei ekelhafte Wülste gepreßt wurde. Wenn sie schlank wäre wie Nicole, wäre alles halb so schlimm. Tränen schossen ihr in die Augen. Sie stellte den Walkman ab.

»Is die Bulette vom Bäcker oda wieso schmeckt die so merkwürdich? Also Frollein, wenn ick gleich kotzen muß, solltense sich warm anziehn, von wejen die Behörden und so. Von meinem Vateidija ganich zu reden, so schnell könnse nich wegloofen wie der Ihnen an die Hammelbeine kricht. Jawoll.« Der Kunde rülpste und verlangte noch ein Bier.

Natürlich würde er eins bekommen, jedenfalls solange er zahlen konnte. Wenn die Kohle stimmte, schluckte Mutti auch die blödesten Sprüche. Es gab sowieso nicht viele nette Menschen. Die meisten, die hierher kamen, waren entweder im Streß oder von Natur aus laut, unhöflich, richtige Nörgler manchmal. Es war komisch, aber sie kamen immer wieder, kämpften um Parkplätze, wenn sie nicht gerade auf dem Weg zur Bushaltestelle waren oder zur U-Bahn wollten, nur um hier ihre Zeitung zu kaufen, Currywurst zu essen und mit Mutti zu reden. Es war ein guter Platz für eine Imbißstube, und Mutti eine Idealbesetzung. Hörte sich den letzten Scheiß von den miesesten Typen an, wenn's Stammkunden waren, gab der Laufkundschaft patzige Antworten, wenn ihr alles zuviel wurde, beugte sich gekonnt achtlos vor, wenn sie Zigaretten oder die Schrippen mit Hackepeter auf die Theke legte, so daß die Kerle einen sekundenlangen Blick auf ihre Brüste werfen konnten. Cindy wünschte sich Brüste mehr als alles auf der Welt. Sie könnten ruhig groß und schwabbelig sein, das wäre ganz egal, aber bis jetzt war da nichts als eine kleine Schwellung rund um die Brustwarzen, die sie selbst nur erkennen konnte, wenn sie sich seitlich vor den Spiegel stellte, diesen häßlichen Bauch einzog und die Luft anhielt.

»Sieht das hier aus wie ein Fahrkartenschalter?« fragte ihre Mutter gerade schnippisch. Cindy grinste. War wahrscheinlich wieder ein Tourist, der nach den Abfahrtszeiten der Busse und ihren Routen gefragt hatte. Kauften nichts, aber wollten alles wissen. Sollten doch in der Provinz bleiben, wenn sie sich in der Großstadt nur verliefen...

Kalle flüsterte mit Mutti. Cindy setzte sich kerzengerade hin und lauschte. Ihr Bauch sah jetzt dünner aus. Mutti lachte schrill. Dann flüsterte sie auch. Bekloppt. Als wenn Cindy nicht genau wüßte, daß die beiden berieten, wie man sie loswerden konnte, jetzt oder später. Vermutlich eher später, wenn Tante Jutta kam und sie ablöste. Kleine Spritztour int Jrüne, Wannsee oder Spreewald. Nur wir beede. Die Göre kann doch... Nein, so einfach ging das nicht.

Cindy stand auf und schlenderte zu der kleinen Tür, durch die man in das Innere des Kiosk gelangen konnte. Der Geruch von Fritierfett und Ketchup war so überwältigend, daß ihr fast schlecht wurde, kaum hatte sie die Tür hinter sich geschlossen. Auch Mutti roch danach, aber eben nicht nur: Es gab da noch den Geruch von Schweiß – im Sommer trug sie nur Unterwäsche unter ihrem Nylonkittel –, vermischt mit Deo, Bier und Zigarettenrauch. Manchmal war es ein vertrauter Geruch, und manchmal eine Ausdünstung, die ihr widerlich war. Dafür schämte sie sich oft, denn Mutti konnte ja nichts dafür. Heute sog sie Muttis Geruch ein und haßte ihn leidenschaftlich, ohne die Spur eines schlechten Gewissens. Cindys eigenes T-Shirt roch nach Waschpulver, jedenfalls zur Zeit noch, allzulange durfte sie nicht in dieser Bude bleiben.

»Mutti«, sagte sie leise und berührte ihren nackten Oberarm, der warm war und feucht.

»Cindy, du bist noch da? Wolltest du nicht mit deiner Freundin baden gehen?«

Mutti machte das nicht sehr geschickt.

»Mit was für einer Freundin? Die sind doch alle weggefahren.«

Mutti schluckte. »Meine Kleene«, sagte sie dann sehr leise. »Ich kann nicht weg hier, wirklich nicht. Sonst ...«

Das stimmte nicht. Es ging gar nicht um die Knete. Es waren Typen wie dieser Kalle, die schuld waren. Um drei kam Tante Jutta, um den Laden zu übernehmen. Genug Zeit für sie beide, sich einen schönen Tag zu machen.

»Mußte nicht in die Schule?« mischte sich Kalle ein.

»Es sind Ferien«, erklärte Mami. Viel zuviel Geduld hatte sie mit den Kerlen. Wie konnte dieser Kalle nur so blöd sein? Die Zeitungen waren doch voll mit Stauwarnungen und Horrormeldungen über verstopfte Parkplätze am Flughafen, überfüllte Strandbäder und Schülerselbstmorde. Gleich würde er sie fragen, wie denn ihr Zeugnis ausgefallen war. Doch er überraschte sie.

»Hier, haste 'nen Zehner. Kannst ja ins Kino gehen oder zu Mc Donald.« Er hielt den Geldschein so zwischen zwei Fingern, daß sie sich auf Zehenspitzen stellen und die Schulter fast auskugeln mußte, um ihn zu nehmen. Cindy verschränkte die Arme vor der Brust.

Es kostete Mühe, einen Fuß vor den anderen zu setzen, und doch mußte er sich beeilen. Die Grünphase der Ampel nahm keine Rücksicht auf Krankheit und Alter. Er stellte sich die jungen Männer vor, wie sie eiligen Schritts die vierspurige Straße überqueren, zehn Sekunden, alles klar, unsere Oma braucht ein wenig länger, sagen wir, zwanzig

Sekunden, dann fließt der Verkehr, die Frequenz ist kompatibel mit den Folgeschaltungen, grüne Welle bis zum Reuterplatz, und fertig ist das Programm. Die, die es nicht schaffen, können ja die U-Bahn-Unterführung benutzen... Es wurde schon gelb, und vor ihm lagen noch knapp fünfzehn Meter, die zu bewältigen waren. Das linke Hüftgelenk schmerzte besonders. Er zog das linke Bein nach und humpelte verbissen weiter. U-Bahn-Unterführung, wie denn? Ohne Rolltreppe kam er da überhaupt nicht runter, und dann das Geschiebe, Gerenne, die Ellbogenpüffe, wenn er mal stehenbleiben und verschnaufen mußte. Stehenbleiben war gefährlich, sofort stürzten sich die menschlichen Wracks auf einen, die ihn mit glasigem Blick um eine Mark angingen. Erstaunlich junge Leute zum Teil. Verfilztes Haar und verwegen löcherige Klamotten, die aussahen, als wenn es irgendwo eine Spezialboutique gäbe. Straßenerprobt. Garantiert ungewaschen. Großstadtmief in Dauerappretur. Diese Kids schienen ein bestimmtes Lebensgefühl bloß zu testen, während sein eigenes nur allzu real war. Unabänderlich. Ordentlich geschrubbt und gekämmt waren das doch alles Kinder. Nur lächeln müßten sie einmal, dann könnte es jeder sehen. Aber wer tat das schon, hier, in dieser Stadt, die plötzlich größer geworden war und dennoch viel zu klein für alle, die jetzt kamen? Er hatte den Bürgersteig erreicht, gejagt von den aufheulenden Motoren, die nur darauf zu warten schienen, daß Zahnräder sich klickend ineinander verhakten, Kolben auf- und niederfuhren, kontrollierte kleine Explosionen stattfanden. Als wenn sie ein Eigenleben führten, ohne sich dafür zu interessieren, zu welchem Zweck das alles geschah. Ein Wagen fuhr so dicht hinter ihm vorbei, daß der Luftzug sein Jackett hochwirbelte. Er merkte, daß sein Hemd schweißnaß am Rücken klebte. In den U-Bahn-Gängen wäre es kühler gewesen, schon wahr, aber zuerst die Überwindung der Treppenstufen, und dann die Geräusche!

Seine Ohren waren immer empfindlicher geworden mit der Zeit, alles Unsinn, daß man schlechter hört im Alter, es war, als ob die glückliche Fähigkeit verlorengegangen sei, etwas nur als Hintergrundgeräusch wahrzunehmen, unaufdringlich wie ein Meeresrauschen. Statt dessen zerfiel alles in schmerzhaft klare Einzeltöne, die sein Trommelfell zu durchbohren schienen: das Gequengel von Kleinkindern, übertönt von dem Stakkato mütterlicher Zurechtweisungen; das Gejaule von verstärkten Gitarren, deren Klänge von den Wänden schmaler Gänge reflektiert wurden und denen man nur entkam, wenn man endlich abbiegen konnte; das zackig gebellte »Zuuu-rückbleiben!« des Bahnpersonals, das Bitten um Wechselgeld für die Automaten mit einem »Hätt ick ooch gern!« quittierten. Am schlimmsten war jedoch das nicht endenwollende gellende Quietschen, wenn einer dieser maroden Reichsbahnzüge, die man längst hätte einmotten müssen, bremsend einfuhr.

Jetzt ging er schneller, und es tat kaum noch weh. Verenas Imbiß war fast erreicht. Seit zwanzig Jahren trank er hier seinen Kaffee und frühstückte. Früher, als er noch arbeitete, Punkt dreiviertelacht, heutzutage konnte es auch mal zehn Uhr werden, kam ja nicht mehr darauf an. Damals war Verena so alt gewesen wie Cindy jetzt, ein hübsches Ding, wie ihre Mutter, nur daß sie sich mit zwanzig ein Kind andrehen ließ und damit jede Chance auf ein besseres Leben verspielt hatte. Eigentlich hätte sie heiraten können, auch mit Kind war Verena eine Klassefrau, die so einigen den Kopf verdreht hatte, aber sie flog immer auf die falschen Typen. Die mit der großen Schnauze, den großen Versprechungen und nichts dahinter. Verkrachte Existenzen, die zwischen Knast und Knete balancierten und oft genug abstürzten. Schade eigentlich. Aber vermutlich wollte sie es so, waren ihr Männer, die morgens das Haus verlassen und nachmittags wieder heimkommen, das Gehalt abliefern und zweimal im Jahr Urlaub im Allgäu und an der Ostsee machen, einfach zu langweilig. Sie hatte diesen hungrigen Blick. Und noch sah sie aufregend genug aus, um ein wenig von dem zu ergattern, wovon sie träumte. Nicht mehr lange, und ihr blondkoloriertes Haar würde glanzlos sein und ihre frauliche Figur formlos und fett. Wie die ihrer Mutter, die hatte sich auch nicht gehalten, wie denn auch, wenn der Ärger über die Mannsbilder runtergespült wird mit zu vielen Schnäpsen...

Doch jetzt strahlte Verena ihn an, und er spürte, daß dieser Tag ein ganz besonderer werden könnte.

»Na, Onkel Theo, wie immer? Kaffee und das Übliche?«

»Klar doch, Verakind. Und eine Schachtel Spezial.«

»Aber immer«, sie goß ihm eine Tasse Kaffee ein, die sie lächelnd auf die Theke stellte. So freundlich war sie selten zu ihm, obwohl er Stammkunde war. Plötzlich nahm er die anderen beiden Personen wahr, die im Spiel waren, das durch sein Eintreffen unterbrochen worden sein mußte. Er sah Cindy, die mit unbeteiligter Miene auf die Theke starrte, auf einen imaginären Fleck direkt neben seiner Kaffeetasse. Und den kleinen, gedrungenen Mann, der neben ihm stand, in Safarihose und Leinenhemd, einen Stahlchronometer um das schwarzbehaarte Handgelenk. Er hielt einen Geldschein zwischen zwei Fingern der linken Hand wie in einer gefrorenen Bewegung.

»Zucker?« fragte Theo, nur um irgend etwas zu sagen, als habe er das Zuckertütchen nicht bemerkt, das bräunlich durchfeuchtet von überschwappendem Kaffee auf der Untertasse lag.

Cindy löste sich aus ihrer Erstarrung. »Da«, sagte sie und zeigte auf die Untertasse.

Verena stellte den Teller mit Schrippen auf die Theke und legte eine Schachtel Zigarillos daneben. »Zehnfuffzig«, ihr Lächeln war ausgeknipst.

»Kann ich anschreiben bis Ende nächster Woche? Die Rente ist immer noch nicht durch, gab Ärger mit der Berufsgenossenschaft, und mit der Stütze kann man keine großen Sprünge machen«, murmelte Theo. Er rührte in seiner Kaffeetasse. Das Tütchen mit dem Zucker lag ungeöffnet neben der Tasse.

»Anschreiben is nich. Jeda muß sehen, wo er bleibt, oda, Knuffi?« Der Mann neben ihm sprach laut und mußte sich zu ihm umgedreht haben. Theo zwang sich, weiter in seinem Kaffee zu rühren. Bloß nicht nach rechts sehen, in dieses dreiste Proletengesicht mit der aufgestülpten Nase und dem herunterhängenden Schnauzbart.

»Du hast es gehört«, Verenas unsicher klingende Stimme nach einer Pause, die viel zu lange gedauert hatte.

Theo kramte nach dem Fünfmarkstück, das er immer bei sich trug. Dann eben keine Zigarillos, obwohl er danach gierte, den Duft des Tabaks einzuatmen und den würzigen Geschmack auf der Zunge zu spüren. Sein Frühstücksritual seit mehr als zwanzig Jahren.

Cindy schnappte den Geldschein, den der Mann noch immer locker und fast achtlos zwischen den Fingern hielt, und strich ihn glatt. Als Theo seine Münze auf die blankgescheuerte weiße Resopalfläche der Theke klirren ließ, nahm Cindy das Geldstück und legte es auf den Zehnmarkschein. »Da«, sagte sie wieder.

Theo hob den Blick. Sie sahen sich an und lächelten. Es würde doch noch ein besonderer Tag werden.

Das Mädchen war neben ihm. Es sprach nicht viel, aber das war auch nicht nötig. Cindy ging langsam, fast schien es, als ob sie ihr linkes Bein etwas nachziehe. Die Straßen waren stiller geworden und die Häuser baufälliger. Die Sonne ließ Cindys glattes, aschblondes Haar glänzen.

»Du hast schöne Haare«, sagte Theo. »Ganz besonders jetzt.«

»Spinnst du?« Sie war ehrlich entsetzt. »Das ist doch keine Farbe, dieses unmögliche Mausgrau. Ich spare gerade, und wenn ich genug zusammen habe, lasse ich mir Strähnchen machen, blond oder irgend etwas anderes. Vielleicht lila. Das pept. Außerdem will ich Locken haben. Wenn mir alles stinkt, mache ich vielleicht sogar 'nen Kahlschlag. So kurz!« Sie preßte Zeigefinger und Daumen aufeinander und grinste zufrieden, als Theo kopfschüttelnd stehenblieb.

»Ich mache dir nie wieder ein Kompliment«, drohte er. »Du mußt mir versprechen, daß du mich vorher fragst, bevor du zum Friseur gehst. Es wäre eine Schande, wenn du rumlaufen würdest wie alle anderen. Die sind doch nur neidisch, weil du so eine seltene Haarfarbe hast.«

Das Mädchen hüpfte ein paar Schritte voraus, dann kehrte es um und blieb direkt vor ihm stehen.

»Versprochen«, sagte es ernst. Theos Herz zog sich für einen winzigen Moment zusammen, bevor es etwas schneller als vorher weiterschlug.

Plötzlich kicherte Cindy hinter vorgehaltener Hand. »Aber ich habe nicht versprochen, daß ich nicht eines Morgens aufwache, mein Gesicht nicht mehr ertragen kann und einfach die Schere nehme, weißt du, ohne nachzudenken, und dann fange ich mit dem Pony an, und wenn der weg ist, sieht ja blöd aus, dann mache ich bei den Seiten weiter...« Sie lachte immer noch.

»Das ist doch Unsinn. Wenn ich in meinem Alter morgens in den Spiegel sehe, dann kann das schon mal vorkommen, daß ich meinen Anblick nicht ertragen kann. Das ist ganz etwas anderes. Mensch, du bist doch so jung, glatte Haut, alles wunderschön, und du wirst immer schöner, von Tag zu Tag, kannst du mir ruhig glauben, da gibt es überhaupt keinen Grund, verzweifelt zu sein...« Er redete immer weiter, es war ihm egal, ob sie ihn überhaupt verstand. Jedenfalls hatte sie aufgehört zu lachen und war wieder an seiner Seite, paßte ihren Schritt dem seinen an, konzentriert, den Blick aufs Trottoir gerichtet. Sie schwiegen eine lange Zeit, bis sie fast vor seinem Haus angekommen waren.

»Wie alt bist du eigentlich?« fragte sie ernst, als er den Schlüsselbund aus der Hosentasche zog.

»Zweiundfünfzig«, antwortete er und forschte in ihrem Gesicht. Cindy kaute unschlüssig auf der Unterlippe. Sie sah ihn etwas abschätzig an, als sie ihm erklärte, daß er trotzdem keine Ahnung habe. Oder vielleicht nur vergessen, wie es früher war. Sie folgte ihm, nun neugierig auf das, was er ihr zeigen wollte. Ein wenig kam er sich vor wie ein böser Onkel, der kleine Mädchen mit dem Versprechen von Süßigkeiten in die Wohnung lockt, aber er verscheuchte diesen Gedanken wie ein lästiges Insekt. Er war froh, daß Cindy so unbefangen war und es ihm leichtmachte, zum erstenmal überhaupt jemanden in sein kleines Reich einzulassen.

»Geh schon mal vor, es ist ganz oben, auf dem Dachboden. Ich kann nicht so schnell, du mußt auf mich warten.«

Cindy nickte. Sie war ein liebes Mädchen. Sicher lief sie nur deshalb so leichtfüßig die knarrenden Treppen hinauf, weil sie nicht zusehen wollte, wie er sich quälte. Sie konnte nicht wissen, daß er es genoß, sich zu quälen. Jeden Tag, wenn er sich an dem Treppengeländer festklammerte und den rechten Fuß auf die erste Stufe setzte, sich hochzog und das linke Bein steif nachschleppen ließ, daß der Fuß mit einem dumpfen Geräusch gegen die Treppe schlug, dann der kleine Schmerz, der bei jeder Stufe größer wurde, wenn er das linke Knie beugte, nur ein wenig, nur so viel, daß er auch den linken Fuß auf die bewältigte Stufe zwingen konnte, immer das Gewicht auf die rechte Seite legend, genoß er dieses Gefühl: daß der Schmerz einen Sinn hatte. Daß das Ziel den Aufwand lohnte. Er weigerte sich, darüber nachzudenken, was aus seinem Leben werden könnte, wenn die Ärzte auch seine rechte Hüfte verpfuschten.

Heute ging alles schneller als sonst, vielleicht, weil da oben jemand auf ihn wartete. Sein Atem ging keuchend, als er endlich den obersten Treppenabsatz erreicht hatte. Cindy saß im Schneidersitz vor der verschlossenen Speichertür. Sie sah durch ihn hindurch und nickte rhythmisch. Aus dem Kopfhörer drangen blecherne Geräusche, nur der dumpfe Baß klang unverzerrt. Theo fragte sich, warum ihn dieser Anblick so störte. Sein Atem kam noch immer stoßweise, und von der Anstrengung zitterten seine Hände so, daß er die Tür nur mit Mühe aufschließen konnte. Das Mädchen war aufgestanden und hatte den Walkman abgestellt. Der Kopfhörer lag wie ein Reif um seinen schmalen Nacken.

»Hörst du es?« flüsterte Theo. Das Mädchen preßte die rechte Gesichtshälfte gegen das rissige Holz der Tür und lauschte. Stirnrunzelnd, nachdenklich, dann weiteten sich seine Augen in dem Moment der Erkenntnis. Es war eine Pantomime, jede Regung, wie überhaupt der Vorgang des Lauschens, wie für ein Publikum in Szene gesetzt. Cindy hatte sich offenbar vorgenommen, ihn nicht zu enttäuschen.

»Komm rein«, sagte er und kontrollierte seine Stimme. Als er sicher war, daß sie nicht schwankte, fuhr er fort: »Aber ein bißchen plötzlich, sonst können wir nachher ein paar einfangen, das geht so schnell, das glaubst du nicht.«

Er öffnete die Tür einen Spalt weit, ließ sie hindurchschlüpfen, folgte ihr und schloß die Tür hinter sich. Die Luft war stickig, das Gurren der Tauben und das leise Pfeifen ihres Flügelschlags erfüllte den Raum, es roch scharf und süßlich nach Kot, winzige Federn schaukelten träge in einem Luftstrom, der durch mehrere geöffnete Dachluken hereinfloß, und kleinste Staubpartikel flimmerten in Bahnen, die die Sonne diagonal durch den Raum zog. Cindy bewegte sich vorsichtig, als ob sie Angst hätte, etwas zu zerstören; einmal duckte sie sich, als eine Taube knapp über ihrem Kopf zurück in ihren Schlag flatterte. Wie eine Schlafwandlerin setzte das Mädchen einen Fuß vor den anderen. »Ist heiß hier«, bemerkte es irgendwann, aber Theo verzieh diese Gedankenlosigkeit sofort, als er Cindys großäugiges Staunen sah. Er hatte Lust, ihr alles zu zeigen, alles zu erklären, ihr seinen Champion zu zeigen, der schon so viele Wettbewerbe gewonnen hatte. Warum eigentlich hatte er noch nie jemanden hierher eingeladen? Seine geschiedene Frau bekam angeblich Asthma von dem Taubenschiß, klar, daß sie ihn hier oben nie besucht hatte; aber sie hatte ihn ohnehin nie verstanden, nur daß ihm diese Tatsache erst nach Jahren bewußt geworden war. Andere Taubenzüchter ließ er aus Prinzip nicht in sein Reich, sie würden Bakterien einschleppen oder das Geheimnis seiner Futtermischung ausspionieren wollen. Die Nachbarn im Haus konnten mit ihm nichts anfangen und er mit ihnen auch nichts; sie hatten Interesse nur für die greifbaren Dinge des Lebens, daß der Kühlschrank voll war und der Videorecorder funktionierte. Schönheit ging sie nicht an.

Als Cindy jetzt durch eine dieser flimmernden Sonnenbahnen ging, leuchtete ihre ganze Gestalt, von den aschblonden Haaren über das weiße T-Shirt bis zu dem blitzenden Walkman an ihrer Hüfte und den weißen Tennisschuhen, rührend kleinen, nicht sehr sauberen Stoffschuhen. Theo war sicher, in seinem ganzen Leben noch nie etwas so Schönes gesehen zu haben wie dieses Bild.

Cindy drehte sich zu ihm um. »Und die kommen wirklich immer wieder? Freiwillig? Wie viele sind es überhaupt? Das ist so stark hier, das glaubt mir keiner! Es ist so«, sie dachte nach, aber nicht sehr lange. »Keine Ahnung, so schön still irgendwie, man kann echt vergessen, daß man in der Stadt ist. Darf ich mal eine anfassen?« Theo nahm eine Taube aus ihrem Schlag und hielt sie dem Mädchen wie ein Geschenk entgegen. Die Taube war müde, heute morgen erst zurückgekehrt nach einem längeren Ausflug, und rührte sich nicht. Cindy kam ganz nah heran. Die Taube war von einem zarten rötlichen Cremeton, mit klarer Zeichnung, und das Gefieder rund um Hals und Brust changierte in allen erdenklichen Nuancen von Blau und Grün. Cindy streichelte das Tier so zart, daß es vollkommen ruhig blieb.

»Mann, wenn ich an diese ekelhaften Tauben im Park denke...« sagte Cindy.

Theo setzte die Taube wieder zurück und holte eine andere hervor. »Willst du sie mal halten? Aber ganz vorsichtig. Sie ist jung, ihre Knochen verbiegen, wenn man sie zu fest hält.« Er öffnete seine Hände. Die Taube hatte noch kein Gefieder, nur etwas grauer Flaum bedeckte die rosafarbenen Knochen. Sie fühlte sich warm an, und das kleine Herz schlug schnell.

»Ich traue mich nicht«, flüsterte das Mädchen. »Was ist, wenn ich sie fallenlasse, oder sie will wegfliegen, und ich drücke zu, ganz aus Versehen?« Theo lachte. Wegfliegen, das konnte sein Täubchen doch noch nicht. Und wie konnte man dieses leichte, warme, pulsierende Geschöpf fallenlassen, das so vertrauensvoll in der Höhlung der Hände saß?

»Sie ist häßlich. So nackt gefällt sie mir nicht.« Cindy schob trotzig die Unterlippe vor.

Er hätte nicht lachen sollen, fiel ihm ein. »Ich glaube, ich nenne sie Cindy. Wie würde dir das gefallen?«

»Weiß nicht. Ich finde sie häßlich. Aber vielleicht wird das ja noch mal was mit ihr. Meinetwegen.« Sie war einen Schritt zurückgetreten und schien sich die Sache noch einmal zu überlegen. »Doch. Ist schon okay so.«

»Also, Cindy, zurück ins Nest. Und daß du mal richtig hübsch wirst, so wie deine Taufpatin.« Vorsichtig setzte er den Vogel zurück.

Als er sich wieder dem Mädchen zuwandte, sah es ihn auf eine neue Art an. Kindlicher und trotzdem wie die richtige Frau, die sie bald sein würde. »Hast du das ernstgemeint? Wirklich und ehrlich? Daß ich hübsch bin, meine ich?« Er nickte. Es war so einfach, jemanden glücklich zu machen. Nicht einmal lügen mußte er. Das Mädchen war mehr als hübsch. Ein paar Jahre noch, und sie wäre eine richtige Schönheit, wenn sie ihre direkte, offene, lebhafte Art behalten würde. Er war kinderlos, aber sein Bruder hatte Kinder gehabt. Charmante, freche, phantasievolle Kinder, die durch das ewige Gezänk der unzufriedenen Ehefrau und das hilflose Herumbrüllen seines Bruders richtiggehend zerstört waren, seelisch getötet. Bevor sie wegzogen, waren sie oft zu ihm gekommen. Er hatte versagt damals, war Zuschauer geblieben, hatte sich zu rechtfertigen versucht mit der Entschuldigung, er könne als Außenstehender nicht in die Erziehung der Eltern eingreifen. Alles Mist, verlogene Scheiße.

Er hatte Cindy fast vergessen. Dieses ständige Alleinsein mußte ihn verdorben haben. Es ist nicht gut, daß der Mensch allein sei. Steht doch irgendwo in der Bibel, oder? Theo riß sich zusammen und lächelte.

»Siehst du, du hast doch gelogen. Ich sehe es dir an. Du wolltest nur nett sein. Du brauchst dich nicht zu bedanken wegen der Knete vorhin. Das habe ich nur gemacht, um Kalle zu ärgern. Ich bin kein kleines Kind mehr. Ich sehe doch selbst, daß ich fett und langweilig bin. Kannst du auch sehen, wenn du nur willst. Hier.« Cindy zerrte mit beiden Händen ihr T-Shirt aus den Jeans, hob es hoch, drückte ihr Kinn gegen die vordere Kante des Hemdes und quetschte eine Falte des freiliegenden Bauches zusammen. Theo starrte sie an. Drehte sie jetzt völlig durch? Er merkte, daß er sein Gewicht zu lange auf das linke Bein verlagert hatte, und veränderte seine Position.

»Jetzt fällt dir nichts mehr ein, wie auch? Du bist auch nicht anders als die anderen. Mutti lacht immer nur, wenn ich mal ihre Klamotten anziehen will, und sagt, daß mir da noch eine Menge fehlt, hier, siehst du? Die meisten in meiner Klasse haben schon eine richtige Figur, und ich? Dann geht sie mit diesen Typen weg, die mich am liebsten weghaben wollen. Weißt du, wie viele Freundinnen ich habe? Eine einzige, die anderen reden blödes Zeug über mich, weil ich nichts mitmachen kann. Mein Taschengeld reicht für überhaupt nichts...« Sie vergrub das Gesicht in dem T-Shirt, an dem sie die ganze Zeit über herumgezogen hatte. Ihre Schultern zuckten, und kleine erstickte Laute waren zu hören.

»Komm«, sagte Theo und räusperte sich. »Komm, mein Täubchen.« Sie machte wirklich einen kleinen, halbherzigen Schritt auf ihn zu. Er ging zu ihr und legte die Arme um sie. Sie wurde geschüttelt wie von einem Krampf. Er murmelte sinnlose beruhigende Worte, bis sie etwas stiller wurde.

»Paß auf, du mußt dein T-Shirt ja nicht in die Hose stecken. Du läßt es darüberhängen, dann sieht man nichts, so, ich zeige es dir. Und wenn du wächst, und das tust du, ganz bestimmt, verteilt sich das alles, und du siehst wirklich schön aus. Ich sehe das jetzt schon in dir. Du mußt nur ein wenig Geduld haben.« Er hielt ihre Hände fest und zupfte an ihrem T-Shirt, bis es fast knielang locker um ihre Jeans hing.

»Du hast gut reden, dünn, wie du bist«, schniefte sie gegen seine Brust. »Bei dir kann man ja alle Rippen spüren.« Sie fing an, ihn zu streicheln. Er liebte sie. Und sie liebte ihn auch. Es war so einfach. Und so richtig, sie jetzt ebenfalls zu streicheln, den Bauch, den sie so haßte, die kleinen Brüste, die ihr nicht gefielen. Es tat gut zu spüren, wie ihr Weinen aufhörte und ihr Körper gegen seinen drängte. Sein kleines Täubchen.

Später verschloß er sorgfältig die Speichertür und ging in seine Wohnung, ohne das Flurlicht anzumachen. Er sah sein Gesicht im Spiegel, kleine Kratzer um den Mund und neben dem linken Auge. Er setzte sich neben das Telefon. Sie würden bald anrufen und nach Cindy fragen. Er war mit ihr weggegangen. Die Sache war klar. Der Gedanke vorhin, den er wie eine lästige Fliege verscheucht hatte. Und es war doch alles ganz anders gewesen.

Gelungene Operation

Es ist fünf Uhr morgens, ich bin wach und würde am liebsten eine Zigarette rauchen. Lächerlich, dieser Gedanke. Allein in einem schäbigen Hotelzimmer, das man in wenigen Stunden verlassen müßte, ohne zu wissen, wohin man gehen soll, keinen Pfennig in der Tasche, und draußen wäre alles grau und kalt: dann wäre der Wunsch nach einer Zigarette verständlich.

Aber es ist ja alles ganz anders. Durch die Jalousien dringt die Helligkeit eines Sommermorgens; neben mir, schlafwarm und leise atmend, liegt meine Frau; und ich weiß, daß der Wecker in ziemlich genau einer Stunde läuten wird. Außerdem rauche ich nicht.

Nicht, weil ich Arzt bin. Die Mehrzahl meiner Kollegen im Krankenhaus pafft wie verrückt. Der Streß, sagen sie. Professor Golde sagt das natürlich nicht. Abgesehen davon raucht er Pfeife, versteckt sein feines Lächeln hinter den Rauchschwaden seiner verdammten Pfeifen, ganz entspannt, ganz lässig, nicht aus der Ruhe zu bringen. Mich kann er nicht täuschen. Als ich einmal in seinem Büro war, habe ich seine Pfeifensammlung inspiziert: nicht ein einziges Mundstück, das nicht Spuren seiner Zähne trug. Richtig zerbissen, zerkaut, ein widerlicher Anblick. Ich dachte gerade über seine Privatliquidationen nach und daß er nun wirklich genug Geld verdient, um sich rechtzeitig ein paar neue Mundstücke kaufen zu können, da kam er herein. Groß, asketisch, Goldrandbrille, fein lächelnd wie immer. »Sollten Sie auch mal probieren«, schlug er vor und fuhr sich durch die schlohweiße Mähne. »Man operiert doppelt so schnell, wenn man an die Pfeife danach denkt.« Natürlich war das ein Seitenhieb auf meine eher bedächtige Operationstechnik, und natürlich habe ich hinuntergeschluckt, was ich eigentlich erwidern wollte. Und hätte erwidern müssen. Nämlich, daß seine Ruck-Zuck-Operationen schon manch eine seiner Patientinnen ruck-zuck in die Pathologie hätte befördern können, wenn er bislang nicht so viel Schwein gehabt hätte. Und ihn ruck-zuck auf die Anklagebank, wenn der Staatsanwalt mal genausoviel Schwein gehabt und einen Gutachter gefunden hätte, der gegen Professor Golde...

Ich kann nicht mehr. Und es sind noch sechs Monate, sechs Monate ducken, heucheln, Schwanz einziehen. O Gott! Alles, nur das nicht! Carmen, im Halbschlaf. Sie preßt sich an mich, als habe sie vergessen, wie es die letzten Wochen gelaufen ist. Ich liebe sie, aber offensichtlich kann ich sie nicht mehr lieben. Mein Elend hat einen Namen: Golde.

Aber jetzt berührt sie mich auf eine Art... Carmen ist die erste Frau in meinem Leben, die auch morgens Lust hat. Eine andere Lust als nachts, morgens ist sie weich, warm, passiv und sehr leise. Aber es ist Lust. »Ich wache so schön auf davon«, sagt Carmen immer, und tatsächlich ist sie danach hellwach. Das ist keine Erinnerung. Es passiert, hier und jetzt. Sie atmet etwas schneller und lächelt.

Ich bin ihr Mann, ich bin dreißig, sehe nicht schlecht aus, bin ein guter Arzt, in sechs Monaten habe ich meinen Facharzt für Gynäkologie, und dann ade, Professor Golde. Sechs Monate und keinen Tag länger. Carmen liegt ganz still da, nur ihre Oberschenkelmuskeln zittern. Doch bald wird sie sich zu meinem immer schneller werdenden Rhythmus bewegen, die Augen öffnen, mich ansehen dabei, es macht mich verrückt, mir vorzustellen, wie sie aussieht, wenn sie kommt. Golde behauptet ja steif und fest, dreiviertel aller Frauen täuschten da etwas vor, ohne klitorale Stimulierung liefe da gar nichts...

Es ist aus. Vorbei. Sie hält mich noch, aber es wird nichts mehr nützen. Ich lasse mich zur Seite fallen. Carmen sieht mich an, und ich sehe weg. Das ist der Moment, in dem ich beschließe, Professor Golde zu vernichten. Egal wie. Ich werde gewinnen.

»Roman«, sagt sie mit dieser Wir-können-doch-über-alles-reden-Stimme. »Roman, was ist los mir dir?«

Ich sage, was wohl alle Männer in meiner Situation sagen würden.

»Nichts«, sage ich. »Wo hast du deine Zigaretten?«

»In der Küche«, antwortet sie. Carmen steht auf und geht. Sie ist schön. Sie kommt zurück in ihrem violetten Negligé, rücksichtsvoll ihre Reize verhüllend. Sie stellt einen Aschenbecher auf meinen Nachttisch, reicht mir eine angezündete Zigarette und steckt sich selbst eine an. Der erste Zug seit elf Jahren. Mein Plan nimmt Konturen an. Ich werde seine Patientinnen vergraulen, jedenfalls die, an denen er so gut verdient. Ich werde meine abweichende ärztliche Meinung offensiv vertreten. Ich werde ihn bis aufs Blut reizen, so lange, bis er einen Fehler macht, der ihm auch nachzuweisen ist. Ich werde ihn in Fachzeitschriften lächerlich machen. Ich werde ihn um Einkommen, Reputation und seine Gelassenheit bringen. Ich werde ihn umbringen. Carmen streichelt mein Gesicht.

»Es ist nicht schlimm«, sagt sie. »Wenn du erst mal deinen Facharzt hast und der Streß mit Professor Golde vorbei ist, wird das wieder was mit uns. Ganz bestimmt.«

Carmen haut mich immer wieder um. Ich habe ihr nie etwas über Professor Golde erzählt, das sie auf den Gedanken bringen könnte, uns verbinde mehr als eine Arbeitsbeziehung mit kleinen sachlichen Differenzen. Sie hört mehr, als ich sage. Sie liest zwischen den Zeilen. Sie liest Gesichter. Auf diese Weise sammelt sie kleinste Mosaikstückchen, und am Ende steht dann so ein Satz, nüchtern, pragmatisch.

»Es sind noch sechs Monate«, murmele ich.

»Kein Problem«, sie lacht. »Das schaffen wir schon.«

Und dann küßt sie mich.

Es wird keine sechs Monate mehr dauern.

»Übrigens«, sagt Professor Golde und beißt auf das Mundstück seiner Dunhill-Pfeife. »Wo ist die Patientin von Zimmer zwei?«

Ich atme tief durch. »Sie ist nach Hause gegangen. Sie hat es sich anders überlegt. Nachdem ich sie präoperativ aufgeklärt hatte, hat sie sich Bedenkzeit ausgebeten und unser Faltblatt noch einmal eingehend studiert. Und dann wollte sie auf einmal nicht mehr.«

»So, so.« Seine Stimme ist hell und fein, sie verrät keinerlei Gemütsschwankungen. »Seltsam, das ist schon die dritte Patientin in zwei Wochen. Darf ich fragen, woran das liegt?«

Wir wissen beide, woran das liegt. Seit neuestem sage ich ihnen die Wahrheit. Daß die Gebärmutterentfernung in den seltensten Fällen wirklich erforderlich ist. Und welche Folgen hormoneller und psychischer Natur eine solche Operation haben kann. Daß die Myome, die die lästigen Rückenschmerzen hervorrufen, auf Grund der hormonellen Umstellung in der Menopause von selbst verschwinden können. Doch ich stelle mich dumm und starre ausdruckslos direkt in seine wässrigen Reptilienaugen.

»Ich weiß es nicht. Ich gehe streng nach Vorschrift vor. Ich halte uns nur den Rücken frei. Wenn es nachher heißt, die Einwilligung sei ohne hinreichende Aufklärung erfolgt, sind wir dran. Und die Haftpflichtprämien steigen.«

Professor Golde stochert in seiner Pfeife herum.

»Der uterus myomatus in Zimer zwei«, entgegnet er ruhig, »mußte raus. Und die Dame wollte das auch. Fünfunddreißig und schon ein Kind, es war doch alles klar. Bis Sie daherkommen...«

Ich schlage einen vertraulichen Tonfall an. »Sie wissen doch, wie Frauen sind. Völlig irrational. Auf einmal drehte sie durch, wollte eben nicht mehr. Dabei habe ich ihr erklärt, daß sie mit der Operation alle Sorgen los ist. Keine prämenstruelle Depression, keine Monatsbeschwerden mehr. Ist ja auch viel praktischer für uns Männer.« Verzeih, Carmen, denke ich im stillen. War nur ein Zitat vom Professor.

Golde schüttelt den Kopf, zündet ein Streichholz an und nebelt sich ein. Umständlich ordnet er seine Utensilien in dem Pfeifentäschchen aus feinstem Nappaleder. Dann sieht er mich an. »Demnächst lassen Sie die Finger davon. Unterschrift unter dem Faltblatt reicht. Natürlich stehen Sie für weitere Fragen zur Verfügung. Sie wissen so gut wie ich, daß kaum eine noch Fragen stellt.«

Unwillkürlich nicke ich. Es stimmt, die Frauen sind viel zu verängstigt; sie wollen es alle nur hinter sich bringen, wenn ihnen der Prof. erst mal erklärt hat, es müsse sein. Er ist unerschütterlich. Mir wird heiß.

»Darf ich Sie so verstehen, daß ich die Finger von Ihren Privatpatientinnen lassen soll? Die anderen beiden Abgänge haben Sie mit keinem Wort erwähnt. Waren ja auch nur Kassenpatientinnen.« Ich beiße mir auf die Lippen. Offener Kampf hat keinen Sinn. Darauf läßt er sich nicht ein. Gleich wird er die Machtverhältnisse klarstellen. So gut kenne ich ihn.

»Sie wollen doch die Facharztprüfung bei mir machen, nicht?« Um seine dünnen Lippen die Andeutung eines amüsierten Lächelns. Dann schaut er betrübt drein. »Ihnen fehlen noch drei Gebärmutterresektionen für die Prüfungszulassung, wenn ich mich recht erinnere.«

Das war deutlich. Sonst ist er subtiler. Zähneknirschend gelobe ich Besserung und verziehe mich. Als ich auf den

Flur trete, bin ich schweißgebadet. Ich könnte schreien vor Wut. Statt dessen gehe ich in den Aufenthaltsraum der Schwestern – sie beten mich an, alle miteinander – und rauche. Schwester Gabi streift mich mit einem erstaunten Blick, als sie hereinkommt, und bringt mir dann eine Tasse Kaffee.

»Wieder ungenießbar, der Chef heute«, bemerkt sie.

Auch für sie bin ich ein offenes Buch. Ich lächele tapfer. Wortlos reicht sie mir den Plan für den Bereitschaftsdienst. Ab morgen habe ich die Zweiundsiebzig-Stunden-Schicht, die eigentlich Krämer machen sollte. Handschriftlich geändert vom Chef. Vermutlich in demselben Augenblick, in dem ich die Tür seines Zimmers hinter mir geschlossen habe. Er sitzt am längeren Hebel. Drei Nächte ohne Carmen, und danach bin ich sowieso zu kaputt. Schwein.

Ich muß mich unbedingt beruhigen. Die OP gleich ist zwar Routine, aber wenn ich so dicht neben ihm stehe, seine schmatzenden Kaugeräusche höre, die er immer produziert, wenn er angespannt ist, sein edles After-shave einatme und den Schweiß rieche, den er ausdünstet, steigt der Haß in mir hoch. Außerdem ist er einer dieser klassischen Metzger, nie was gehört von mikroinvasiver Chirurgie oder anderen modernen Methoden, und wie er die verschreckte Anästhesistin anmacht, wenn sie nicht sofort spurt und ihm die Daten durchgibt, da muß ich mich schon im Griff haben.

Im OP bin ich ruhig und zuversichtlich. Die Frau liegt friedlich da, Blutdruck stabil, Puls regelmäßig. Ausschabung nach einer Fehlgeburt. Schon die zweite OP, die erste hat der Chef vermurkst, hat die Hälfte dringelassen. Und jetzt darf ich ihm das Ultraschallgerät halten, das er beim ersten Mal noch für überflüssig erachtet hat. Doch er überrascht mich.

»Herr Dr. Liefenbach, wollen Sie das übernehmen? Der uterus ist nicht ganz lehrbuchgemäß, da können Sie noch etwas lernen.« Typisch. Seinen Pfusch darf ich reparieren. Hat wohl gehört, daß ich über ihn hergezogen bin. Und wenn ich nun selbst Mist baue, triumphiert er schon wieder. Es ist eine sympathische Frau, die auf dem Tisch liegt und Gott sei Dank nicht weiß, daß wir uns gleich einen Machtkampf liefern werden. Mein Herz klopft.

Es ist tatsächlich schwierig, er hat recht. Die Schwester wischt mir den Schweiß ab, die Anästhesistin treibt zur Eile, und Golde tut alles, um mir das Leben schwerzumachen. Nie hält er das Ultraschallgerät optimal, dreht sogar den Bildschirm so, daß er ihn besser beobachten kann als ich. Lauert auf Fehler. Räuspert sich ungeduldig. Ich gehe langsam, vorsichtig, gründlich vor, lasse mich nicht beirren. Der schwarze Fleck auf dem Bildschirm ist verschwunden. Ich beuge mich vor, um das flackernde Bild genauer zu studieren. Ungeduldig schießt seine Hand vor, greift nach der Kürette, will übernehmen. Das ist meine Chance. Wie im Reflex zuckt meine Hand mit dem Instrument. Ein feiner roter Streifen bildet sich auf seinem Handrücken. Hoffentlich kann er eine Weile nicht operieren, denke ich, als ich erschrocken »Mein Gott« murmele. Ein Segen, daß ich einen Mundschutz trage und er mein befriedigtes Lächeln nicht sehen kann.

»Alles klar«, verkünde ich schließlich. Ich stelle mir vor, wie ich ihm ein Skalpell an die Halsseite halte, genau über der Schlagader. Und er um sein Leben wimmert.

Wir stehen nebeneinander an den Waschbecken, seifen unsere Hände ein. Er ist verrückt. Es muß wehtun. Sein Waschbecken färbt sich rosa. Die Schwester eilt herbei und schimpft ihn liebevoll aus. Verarztet seine leider nur oberflächliche Kratzwunde. Er, ruhig wie immer, wendet sich mir zu.

»Gute Arbeit«, sagt er. Kein Wort zu dem Unfall vorhin. Jämmerlich stolz machen mich seine Worte. Ich werde es nicht schaffen.

Am Nachmittag geht eine dunkelhaarige Frau, schwanger im fünften Monat, schätze ich, den Flur entlang. Sie ist hinreißend, und der kleine Bauch steht ihr gut. Ihr Gang ist bemerkenswert elastisch, keine Spur von dem breitbeinigen Watschelgang, den viele Schwangere schon sehr früh entwickeln. Sie registriert mich mit keinem Blick, geht einfach an mir vorbei und verschwindet im Büro von Professor Golde. Privatpatientin, denke ich. Keine Ahnung, warum sie meine Neugier geweckt hat, aber auf einmal stehe ich an der Tür zu seinem Zimmer und lausche. Nach wenigen Minuten weiß ich, daß sie seine Geliebte und das Kind von ihm ist. Es ist nicht zu fassen. Was findet diese Frau an Golde?

Es ist mir egal. Ich weiß nur eins: diese Frau wird das Werkzeug meiner Rache sein. Einen schwachen Punkt hat jeder, auch Professor Golde.

Die Gelegenheit kommt schneller, als ich mir vorgestellt habe. Nachts um drei werde ich aus dem unruhigen Schlaf gerissen, der eine typische Begleiterscheinung dieser furchtbaren Bereitschaftsdienste ist. Notfall.

Als ich in der Notaufnahme der gynäkologischen Station eintreffe, herrscht dort schon hektische Betriebsamkeit. Infusionen werden gelegt, das EKG-Gerät angeschlossen, jemand schreit nach dem Ergebnis der Blutgruppenbestimmung. Die Frau blutet stark, ist bewußtlos, graugesichtig, zittert krampfhaft. Der Puls ist flach, kaum tastbar.

»Sofort in den OP«, ordne ich mit ungewohnter Autorität an. Die Schwester ergreift meinen Arm.

»Wissen Sie, wer das ist?« fragt sie, Panik im Blick.

»Mir egal«, herrsche ich sie an. »Sofort in den OP.«

Die Hierarchie im Krankenhaus hat auch etwas Gutes: es wird gespurt. Es kommt schließlich auf jede Minute an. Und jetzt erkenne ich die Frau, Professor Goldes Geliebte. Fehlgeburt.

Ich kann die Blutung nicht stillen. Ich rede mir ein, daß ich keine Wahl habe. Ich weiß, daß mir keiner der Anwesenden das Gegenteil beweisen kann. Es liegt in meiner alleinigen ärztlichen Verantwortung. Professor Golde hätte sich genauso entschieden, zumindest bei jeder anderen Patientin.

Ich weiß nicht, wer ihn informiert hat, aber er ist plötzlich da. Die Operation ist beendet, die Blutung gestillt, die Transfusionen sind nahezu abgeschlossen, als er, heftig keuchend, an meinem Kittel zerrt.

»Was haben Sie mit ihr gemacht?« stößt er hervor, sein Mund ist angstvoll verzerrt. Golde wirkt fast menschlich. In sachlichem Ton schildere ich ihm Diagnose, Indikation und den erfolgreichen Operationsverlauf. Er hört überhaupt nicht zu, stürzt zum Kopfende des OP-Tisches, streichelt die Wangen der Frau.

»Marion, ich bin da. Marion, hab keine Angst.« Die Frau rührt sich nicht. Ich kläre ihn auf, daß die Wirkung der Narkose erst in ungefähr zwanzig Minuten abklingen wird. Irgendwann dringen die Worte in sein Bewußtsein. Er wendet sich mir zu. Sein Blick streift die glänzende Metallschüssel und ihren Inhalt.

»Sie Schwein! War das denn nötig? Ich wäre doch sofort gekommen!« Tränen in seinen wässerigen Augen.

Ich habe gewonnen. Die Operation ist gelungen.

»Wieso? Ist sie Privatpatientin?« frage ich, eine Spur zu nonchalant. Sein Gesicht ist eine wütende Maske. Ich hätte nicht gedacht, daß er zu solchen Gefühlen fähig ist. Plötzlich versteht er, was geschehen ist. »Sie haben genau gewußt, wer sie ist«, sagt er gefährlich leise.

»Aber nein«, gebe ich zurück. »Eine Verwandte von Ihnen?«

»Wir haben uns so auf das Kind gefreut. Und nun... wir werden nie ein Kind haben.« Es dauert eine Weile, bis er begreift, bis der Schock der Erkenntnis einsetzt. Er taumelt gegen den Metalltisch, auf dem die Instrumente liegen. Es klirrt. Dann wirft er sich auf mich. »Herr Professor!« schreit die Anästhesistin, die bislang wie gelähmt unserem Duell zugesehen hat.

Er greift mich an.

Ich habe gewonnen.

Er greift mich tatsächlich an, und das vor Zeugen. Suspension ist das mindeste, was ihm droht. Ich stoße ihn zurück. In seiner Hand, die auf mich niedersaust, blitzt ein Skalpell. Ich habe gewon…

Drei Wünsche

»Du willst schon gehen?« fragte sie und strich das Kopfkissen glatt. Es hatte einen schwarzen Satinbezug, auf dem sich seine blonden Haare deutlich abzeichneten.

»Ich muß«, entgegnete er, so leichthin, als ob es keine Verpflichtung wäre, die ihn von ihr forttriebe, sondern eine alte liebgewonnene Gewohnheit. Für die sie Verständnis aufbringen müsse. Für die sie Verständnis aufbringen würde, wie immer. Sie streichelte den Satinbezug.

»Stimmt ja, heute ist Elternabend. Und du als vorbildliches Pflegschaftsmitglied darfst natürlich nicht fehlen«, sie brach ab. Es war gefährlich weiterzureden, irgendwann würde sie es herausschreien, daß sie seine Kinder haßte. Aus vollem Herzen und abgrundtief. Dabei mochte sie Kinder, jedenfalls hatte sie das bis dahin geglaubt...

Plötzlich drehte er sich um – er hatte die ganze Zeit im Türrahmen des Schlafzimmers gestanden – und ging auf sie zu. Sie konnte es nicht sehen, denn ihr Blick verlor sich immer noch in dem Schwarz des Kissenbezuges, wie hypnotisiert starrte sie in dieses Schwarz, aber sie hörte seine Schritte, und dann spürte sie die Wärme seines Körpers, seinen Atem auf ihrem Nacken, seine Hand auf ihrer Schulter. Ihr Körper wurde steif. Seine Hand entfernte sich.

»Ich bin morgen nachmittag wieder da. Ich mache in der Firma früher Schluß, besorge uns etwas zu trinken, du magst doch Schampus, oder? Und dann machen wir es uns gemütlich.« Je länger er sprach, desto weiter weg klang seine Stimme. Jetzt stand er wohl vor dem Spiegel, redete direkt hinein. Das seidige Gleiten der Krawatte in einen perfekten Knoten.

»Schatz, wenn du wüßtest, wie sehr ich dich brauche. Zur Zeit ist das Leben eine Hölle, die Firma wackelt, zu Hause geht es bestenfalls höflich zu, und die Kinder, na ja, sie kommen wohl in die Pubertät, jedenfalls Lisa. Wenn ich dich nicht hätte...« Sie sah ihn an. Er fuhr sich mit der Hand durch die Haare, diese schönen Haare, in die sie sich schon verliebt hatte, bevor sie sein Gesicht zum erstenmal sah. Damals stand er vor ihr im Aufzug und fuhr sich durch die Haare, genauso wie jetzt. Neben ihm wirkten alle Männer wie Glatzenträger, selbst wenn sie noch ein paar Haare auf dem Kopf hatten. Haare von unbestimmter Farbe, dünn oder borstig, jedenfalls kein Haar, das man anfassen wollte, streicheln oder seinen Duft einatmen. Als ob er ihren Blick gespürt hätte, hatte er sich umgedreht. Das war es gewesen. Schicksal. Es schlug zu ohne Rücksicht auf die lächerlichen Umstände – sehr romantisch war der Ort eigentlich nicht, ein Aufzug in dem riesigen Gebäude der Stadtverwaltung, Gewerbeangelegenheiten (er), Kfz-Zulassung (sie) – und auch ohne Rücksicht auf die Unmöglichkeit dieser Beziehung. Gestohlene Stunden, mehr nicht.

Er wischte ein paar Schuppen und Stäubchen von den Aufschlägen seines Jacketts, vielleicht auch eines ihrer langen Haare. Mehr war nicht zu tun, Make-up und Lippenstift benutzte sie nicht mehr, seitdem sie ihn kannte. Er hielt den blauen Blick seines Gegenübers im Spiegel aus.

»Heiner«, sagte sie und wußte nicht weiter. Sie stand auf und setzte einen Fuß vor den anderen, bis sie genau hinter ihm stand. Es waren fünf Schritte gewesen. Sie fragte sich, warum sie sie gezählt hatte. Sie umschlang seine Taille und rieb ihre Wange an dem kratzigen Wollstoff seines Jacketts. Wie eine Katze, die ihr Revier markiert, fiel ihr ein, und sie lachte.

»Na, alles klar mit dir? Ich dachte schon...«

»Ja, was denn? Daß ich über die Schampusmarke nachdenke? Obwohl, das könnte ich auch... Aber eigentlich«, sie löste sich von ihm und betrachtete ihn kritisch. Sie merkte sofort, daß er vorhin seinen überzeugendsten Blick geübt hatte und ihn nun an ihr ausprobierte. »Eigentlich habe ich mich nur gefragt, was mit uns geschehen wäre, wenn ich damals nicht den Aufzug genommen hätte.« Seine Augen behielten den klaren, hellen, aufrichtigen Ausdruck. Dann lachte er, und nun war er wieder ganz er selbst, der kleine große Junge.

»Ist doch klar«, neckte er sie. »Du wärst ein wenig schlanker als jetzt, und ich hätte mich nie in dich verliebt. Scheußlicher Gedanke.« Er drückte sie an sich und atmete entspannt.

Karla wußte, daß er glücklich war. Wenn sie ihm jetzt ein Messer zwischen die Rippen stieße, würde er sie nur ungläubig anstarren mit diesem klassischen Blick der ahnungslosen Unschuld. Vor ihren Augen die Großaufnahme von weiß umrandeter Iris, schreckgeweiteter Pupille – doch jetzt küßte er sie, langsam und sicher, sein Abschiedskuß. Sie wartete auf seine Hand, die traumhaft sicher wieder diese verdammte Lust auslösen würde, die weder er noch sie wollte, jetzt, wo er ging.

Sie trat einen Schritt zurück.

Ihr gelang ein Lächeln.

»Bis dann«, sagte sie. Ihr fiel auf, daß er hängende Schultern hatte. Und in einem kleinen kreisrunden Bereich an seinem Hinterkopf schimmerte die Kopfhaut durch. Als die Tür ins Schloß fiel, zuckte sie zusammen.

»Heiner?« rief seine Frau, kaum hatte er die Tür hinter sich geschlossen. Er konnte es sich nicht vorstellen, auch nur einen Tag unbeobachtet in seine eigene Wohnung zu kommen und einfach nur in der hellen, aufgeräumten Küche zu sitzen, eine Zigarette zu rauchen und über den Tag nachzudenken. Er brauchte nicht zu antworten, wer sonst sollte es sein außer ihm, der nach einem langen Tag nach Hause kam... Auch seine Frau wußte es, denn sie sprach einfach weiter, obwohl er immer noch im Flur stand und seinen Schal auf die Kommode warf, den Mantel aufhing und ein Spielzeugauto, über das er fast gestolpert wäre, aufhob.

»Heiner, wir müssen los. Hast du daran gedacht, diesen Artikel zu kopieren, du weißt schon, den über, na, du weißt schon, aus dieser Elternzeitschrift, wir müssen es diesem alten autoritären Typ von Direktor zeigen... Wo bleibst du denn?«

Sie sah ihn nicht an, als sie an ihm vorbei zur Garderobe ging und die Schublade des Schränkchens unter dem Spiegel aufzog. Hektisch wühlte sie darin herum, bis sie endlich den passenden Schal gefunden hatte. Sie schlang den Schal um den Hals und musterte sich streng in dem alten, barmherzig milden Spiegel. Das tat sie immer, und nie war sie mit dem Ergebnis zufrieden. Der weinrote Schal betonte ihre Blässe, die nicht kränklich, sondern elegant wirkte. Er trat hinter sie und berührte die zarte Wolle des Schals.

»Wie geht's Lisa?«

»Du hättest wenigstens duschen können«, erwiderte sie. So war sie, und obwohl sie dauernd irgend so etwas Unvermutetes sagte, konnte man sich nie darauf einstellen. Er seufzte in komischer Verzweiflung.

»Was hättest du wohl gesagt, wenn ich geduscht hätte? Meine Phantasie reicht leider nicht aus, mir das auszumalen. Etwa: ›Heiner, kannst du beim nächsten Mal nicht dein eigenes Shampoo benutzen?‹ oder vielleicht ein beiläufiges ›Oh, sie nimmt Yves St. Laurent, eine Dame mit Geschmack!‹ Was sollte ich deiner Ansicht nach also tun?« Seine Lachfältchen vertieften sich. Katrin nahm den Schlüsselbund vom Schränkchen und steckte ihn in die Jackentasche. Sie trug ein Kostüm, das er nicht kannte. Vielleicht erinnerte er sich auch nur nicht daran, daß sie es schon einmal getragen hatte, und deshalb unterdrückte er das Kompliment, das er ihr gerne gemacht hätte. Zu dünnes Eis, das Ganze.

»Nimmt sie denn Yves St. Laurent?« fragte sie. »Ich wette, du hast nicht den blassesten Schimmer.« Er fühlte sich ertappt.

»Hör mal, hatten wir uns nicht geeinigt? Ich meine, daß wir das Thema aussparen sollten? Das macht dich doch...« Verdammt, wieso setzte sie ihn immer ins Unrecht?

»Was denn«, murmelte sie, während sie einen Mantel anzog, der auf jeden Fall neu war, bestimmt ein Vermögen gekostet hatte und in dem Karla hinreißend aussehen würde. »Doch nicht etwa unglücklich? Keine Angst, mein Lieber, aus dem Alter bin ich heraus.« Sie sah aus, als ob sie noch etwas sagen wollte, etwas Bitteres vielleicht. Doch er hatte sich schon wieder getäuscht, denn plötzlich lachte sie, hell und mädchenhaft. Und ihm fiel wieder ein, daß es dieses Lachen war, in das er sich verknallt hatte, damals vor achtzehn Jahren.

»Den Artikel brauchen wir nicht, das packen wir auch so. Ich stelle mir gerade diesen fetten Glatzkopf vor, puterrot bis in die hohe Stirn, wenn wir erst mal so richtig loslegen. Wie kann er Lisa nur so bloßstellen, vor der ganzen Klasse, nur weil er dieses Kondom gefunden hat.« Er war erleichtert, auch wenn ihn dieser Themenwechsel irritierte. Und wenn sie ihn jetzt fragen würde, ob er auch...

Er griff nach ihrem Ellenbogen und dirigierte sie sanft zur Tür. Katrin winkelte den Arm ab, in einer abrupten Bewegung, und stieß einen kleinen Schrei aus.

»Meine Handtasche! Und du solltest besser deinen Mantel anziehen, es ist kalt für die Jahreszeit. Und vergiß die Autoschlüssel nicht, bin gleich wieder da!« Manchmal klang sie wie seine Mutter. Die kühle, beherrschte Katrin, und dann dieser besorgte Unterton, den er so gut von früher kannte. Nur daß Katrin nicht so unsinnige Sätze sagte, in denen von warmer Unterwäsche und der richtigen Frau fürs Leben die Rede war. Katrin ließ sich Zeit; sie würde so lange suchen, bis sie die passende Handtasche gefunden, den Effekt vor dem Spiegel im Schlafzimmer studiert, den geheimnisvollen Inhalt von Damenhandtaschen aus- und wieder eingeräumt hätte. Ein einziges Mal hatte er seine Neugier befriedigt und eine ihrer Taschen untersucht. Neben all dem Kram, den er erwartet hatte – Kosmetikartikel, Taschentücher, Tankquittungen, Kalender –, hatte er auch Dinge gefunden, die ihm merkwürdig vorkamen: eine unbeschriftete Ansichtskarte von der Camargue, Schimmelherde auf öder Steppe; Papiertütchen mit Zucker von einem Café aus einem weit entfernten Stadtviertel; ein unbekannter Schlüssel an einem Plastikherz, das wohl eher Lisas Geschmack entsprach. Als er dann noch entdeckt hatte, daß das Deo gar kein Deo war, sondern Tränengas, hatte er seine Inspektion beendet. Niemals würde er Katrin fragen, warum sie glaubte, daß sie sich verteidigen müsse.

Sie brauchte länger als sonst, und obwohl noch genug Zeit war, machte es ihn nervös. Er ging den Flur entlang bis zur Tür des Kinderzimmers, in dem sein Sohn schlief. Einen Moment lang zögerte er, weil er befürchtete, den Kleinen aufzuwecken. Katrin wußte immer, ob sie nach ihm sehen konnte oder nicht…

Vorsichtig öffnete er die Tür und schaute in den dunklen Raum. Nach wenigen Sekunden konnte er die Umrisse des Bettes, die Spielzeugkisten und den riesigen Dinosaurier erkennen, der den Schlaf des Jungen zu bewachen schien.

»Leise, sonst weckst du ihn auf«, flüsterte Katrin. Sie roch wunderbar, hatte wohl noch Parfum aufgelegt.

Vorsichtig schloß er die Tür.

»Wer paßt auf ihn auf?« fragte er, schon auf dem Weg zur Wohnungstür. Katrin lächelte so amüsiert, daß er sich wie ein Idiot vorkam.

»Deine Tochter natürlich. Du hast noch genug Zeit, dich

von ihr zu verabschieden. Sie ist in ihrem Zimmer. Auch wenn's schwerfällt.« Sie stand da, schiefes Lächeln, schiefe Schultern – ihre Handtasche mußte mal wieder eine Tonne wiegen –, und sah aus, als wenn es auf dieser Welt kein Problem gäbe, daß sie nicht lösen könne. So gescheit, so perfekt, so verdammt allwissend. Er umarmte sie kurz, löste sich dann entschlossen und machte sich auf den Weg. Lisas Zimmer lag am anderen Ende des Korridors und war weiter weg als der Mond.

»Bin gleich wieder da«, es klang nicht sehr überzeugend. Er blickte noch einmal zurück. Katrin nahm den Riemen ihrer Umhängetasche von der Schulter und ließ die Tasche zu Boden gleiten.

Anlauf, Drehung in der Luft, das ausgestreckte Bein in Richtung des Gegners, angedeuteter Kontakt, geduckte Landung und gleich wieder in die Abwehrhaltung, geschmeidig, sicher. Das alles lautlos und in Zeitlupe. Der Film lief immer wieder ab, und immer sah sie sich in der Hauptrolle. Der Gegner war nur ein Schatten, einer, der zurückzuckte und sich verkroch. Ihre Muskeln schmerzten, die Prellung am Oberschenkel tat noch tierisch weh, und den Schrei hatte sie immer noch nicht richtig drauf. Aber eines Tages wäre sie so gut, daß allein ihr Schrei und ihre funkelnden Augen ausreichten, um jeden in die Flucht zu schlagen.

Lisa lag auf dem Bett und starrte gegen die Decke. Nichts war in Ordnung, auch wenn alle so taten, als wenn das normal wäre. Hoffentlich war sie gleich wirklich allein, dann könnte sie in Ruhe mit ihrer besten Freundin telefonieren oder das Video ansehen, bei dem man so schön heulen konnte. Das, wo er sagt, ganz ratlos, warum tust du das? Und sie sagt dann nur, weil ich dich liebe, und dieser Trottel hatte keine Ahnung, und als er das jetzt hört, glänzen seine Augen so komisch, er schluckt, der Muskel in seiner rechten Wange zuckt, und wenn er jetzt das Falsche sagt, ist sie weg, hundertprozent, und deshalb sagt er vorsichtshalber nichts, sondern küßt sie, wie er sie vorher nie geküßt hat. Das ist die Stelle, bei der sie immer heult. Wie es weitergeht mit den beiden, weiß man natürlich nicht, aber wer so küssen kann, dem fällt wahrscheinlich immer wieder was ein, um sie zurückzukriegen…

»Lisa«, der Alte stand schon mitten im Zimmer. Sie zuckte zusammen, riß die Arme hoch. Konnte er nicht…

»Kannst du nicht anklopfen?« fragte sie.

»Habe ich doch. Aber du warst wohl mal wieder ganz woanders.«

Der Alte sah sie nicht an, sondern lief im Zimmer herum, nahm ein Buch vom Regal, betrachtete den Umschlag, stellte es zurück.

»Was ist denn los? Zimmerkontrolle angesagt oder willste mal wieder Papi spielen?«

»Mein Gott, warum bist du so aggressiv? Ich wollte mich bloß von dir verabschieden, wir gehen zum Elternabend. Deine Mutter und ich, wir haben uns da was vorgenommen. Sag mal…« er setzte sich zu ihr auf das Bett. Lisa richtete sich auf und rückte gegen die Wand.

»Warum hattest du eigentlich diese Kondome dabei?«

»Wieso, hat doch gewirkt, oder?«

Der Alte sah sie verwirrt an. So alt war er eigentlich nicht, im Gegenteil, er machte was her, aber er kapierte einfach nichts. Überhaupt nichts. Genauso gut könnte er achtzig sein oder neunzig, halb taub und ohne Hörgerät, man könnte es ihm einhämmern, mit Gewalt, und dann würde er noch blöd fragen, willst du damit sagen, daß…

»Soll das heißen, daß du die Dinger gar nicht brauchtest, sondern daß du sie nur eingesteckt hast, damit euer Direx einen Heidenaufstand macht? Mann, Lisa, und deshalb gehen wir da heute abend hin und machen eine Szene, vor versammelter Mannschaft?«

»Habe ich euch darum gebeten?« Sie seufzte. »Und überhaupt, das geht dich nichts an, warum ich sie gekauft habe. Kannst sie gerne haben. Du brauchst sie wahrscheinlich nötiger als ich. Oder willst du noch mehr von solchen Blagen in die Welt setzen?« Sie verschränkte die Arme vor der Brust. Der Alte stand auf. Er drehte ihr den Rücken zu und sah aus dem Fenster. Anlauf, Sprung mit Drehung, ausgestrecktes Bein... Vermutlich zuckte sein Wangenmuskel, weil er die Zähne zusammenbiß. Jedenfalls sagte er nichts. Körperkontakt, und zwar voll. Kopf gegen die Scheibe, Klirren, Blut, zwei Schreie, der Angriffsschrei von ihr und sein Schrei, mehr aus Überraschung als vor Schmerz, der Schmerz kam erst später, wie immer bei Schnittverletzungen.

Merkwürdigerweise war sein Gesicht die unversehrte Maske der allergräßlichsten Alltäglichkeit. Nichts war geschehen, und nichts würde geschehen.

»Mach die Tür hinter dir zu. Ja, ich passe auf Oliver auf. Nein, ich gehe rechtzeitig ins Bett. Viel Spaß.« Ihr Vater zuckte mit den Schultern, ging raus, schloß tatsächlich die Tür. Lisa schlich zur Tür und öffnete sie einen Spalt. Mami stand an der Wohnungstür, zart und elegant. Der Alte murmelte etwas von einer schlimmen Phase, die bald vorübergeht, und sie waren weg. Doch vorher hatte sie mit Mami einen Blick getauscht. Die Härchen auf ihrem Unterarm richteten sich auf.

»Nein, Sie können noch nicht mit ihm reden. Sehen Sie selbst, er ist nicht ansprechbar...« Eine Tür öffnet sich, Schritte, nachhallende, dumpfe Schritte, ein leichtes Quietschen, wie früher in der Turnhalle beim Basketball, Stoppen, Sternschritt, Abgabe, und immer dieses Quietschen der Gummisohlen auf dem polierten Holz. Es roch anders als sonst, nicht nach Turnhalle, sondern nach Labor, Putzmitteln, Krankheit.

Heiner öffnete die Augen. Er wußte sofort, wo er war. In einem Krankenhauszimmer. Das Problem war nur, daß das nicht stimmen konnte. Wie kam er hierhin? Er schloß die Augen wieder, auch weil sie ein wenig brannten. Aber die Kanüle in seinem rechten Handrücken hatte er genau gesehen, und wenn er sich auf dieses Bild konzentrierte, fühlte er auch einen unangenehmen stechenden Schmerz. Er versuchte, das alles einzuordnen, auch das heiße Gefühl beim Einatmen auf der linken Seite und das Dröhnen in seinem Schädel. Was sollte das? Was sagten die da...

»Er hat Glück gehabt, wenn die Frau ihn nicht so schnell gefunden hätte... Sie hat noch jemanden wegrennen sehen, einen kleinen Mann, aber mit der Beschreibung kann ich keine Fahndung – sehen Sie, er wacht auf!« Eine kühle Hand schloß sich um sein Gelenk. Die reden über mich. Das kann doch alles nicht wahr sein. Es kostete diesmal viel Kraft, die Augen zu öffnen. Das gleißende Licht, reflektiert von weißen Wänden, ließ seine Augen tränen.

»Was ist los?« Seine Stimme klang brüchig, und die Lippen waren trocken.

»Kann ich was zu trinken haben?«

»Einen Moment noch«, der Mann, der das sagte, trug einen Arztkittel und sah nicht so aus, als wenn er meinte, was er sagte. Der würde ihn verdursten lassen, kaltlächelnd. Heiner wurde klar, daß er in einer hilflosen Lage war. Um alles, auch um das Selbstverständlichste, würde er bitten müssen. Er richtete sich auf. Ihm wurde schwindelig. In seinem Kopf hämmerte es, und die Seitenstiche links wurden heftiger.

»Ich gehe jetzt nach Hause«, und er zog heftig an dem Plastikschlauch der Kanüle, der zu einer Flasche oberhalb seines Kopfes führte. Zu zweit zwangen sie ihn zurück, schweratmend, mit beruhigenden kleinen Lauten.

»Gut«, er sprach langsam und deutlich. »Wenn Sie mir sagen, was passiert ist, bleibe ich hier.«

»Sie gingen zu Ihrem Wagen in der Tiefgarage, erinnern Sie sich noch? Ihre Frau wartete vor dem Haus. Und als Sie nicht kamen, ging sie hinunter, sah noch einen Mann wegrennen, und dann hat sie Sie gefunden. Sie lagen auf dem Boden, den Autoschlüssel in der Hand; Ihre Brieftasche ist weg. Offenbar sind Sie überfallen worden. Merkwürdig ist nur...« der Arzt zögerte. Heiner schloß die Augen.

»Was?«

»Die Art Ihrer Verletzungen.« Das war der andere Mann. Er hatte eine leisere Stimme als der Arzt, aber sie wirkte, als ob sie keinen Widerspruch duldete. »Gestatten, KHK Landsberg, Kripo. Nun, der Täter benutzte Tränengas und ein Messer. Nicht zu vergessen dann noch stumpfe Gewalt, die Tatwaffe oder Methode ist bislang unbekannt. Entweder man schlug Ihren Kopf gegen den Boden, oder man benutzte einen Gegenstand, einen Baseballschläger zum Beispiel. Dann bliebe noch die Möglichkeit eines Trittes.«

Heiner wurde übel. Das Schlimmste war die Sachlichkeit, mit der dieser Bursche sprach. Man sollte ihn in Ruhe lassen.

»Und was soll daran merkwürdig sein? Hören Sie, lassen Sie mich in Ruhe. Ich weiß von nichts, glauben Sie mir. Was, zum Teufel, ist denn daran...«

»Daß Sie noch leben. Sie haben keinerlei Abwehrverletzungen, es gab also keinen Kampf, und trotzdem leben Sie noch. Mann, Sie hätten keine Chance gegen einen oder mehrere Täter gehabt, die wirklich entschlossen gewesen wären, Sie umzubringen.«

In seinem Kopf wirbelte es. Was erzählte der Kerl? Wieso umbringen? Eben hatte er doch was von Brieftasche erzählt.

»Umbringen? Ich dachte... die Brieftasche...«

Der Polizist lachte. »Raub, das sollten wir wohl glauben. Die Stichverletzung paßt nicht ins Bild. Sie wurde Ihnen als letzte Verletzung zugefügt. Als Sie schon auf dem Boden lagen, halbblind von dem Tränengas und halbbetäubt von dem Schlag auf den Kopf. Verstehen Sie? Der Einsatz des Messers war nicht mehr erforderlich, um Ihnen die Brieftasche abzunehmen. Haben Sie Feinde?«

»Nein«, sagte er spontan.

»Doch«, sagte der Polizist. »Glauben Sie mir. Geschäftlich, privat?«

»Nein«, wiederholte er störrisch. Der Typ meinte es ernst. Er beugte sich vor und produzierte diesen Blick von Mann zu Mann, den man aus Westernfilmen kennt.

»Ehe? Familie? Irgendwelche – sagen wir, Spannungen?«

»Ich bin verheiratet, was wollen Sie überhaupt?«

»Gut?« fragte der Polizist lässig, kniff gar ein Auge zu.

Heiner überlegte keinen Augenblick.

»Selbstverständlich«, entgegnete er steif. »Wenn dem nicht so wäre, wäre ich nicht mehr verheiratet. Es ist alles klar zwischen uns. Mein Gott, nach sechzehn Jahren ist es nicht so wie am ersten Tag, aber man arrangiert sich. Es ist alles normal. Wie komme ich dazu, vor Ihnen meine Ehe – das geht Sie gar nichts an. Aber wenn Sie es genau wissen wollen: Ich würde meine Frau und meine Kinder niemals verlassen. Reicht das?« Seine Stimme war immer lauter geworden. Seine Kehle brannte.

»Vielleicht nicht.« Der Polizist sprach unverändert leise, fast lässig. »Vielleicht nicht Ihrer Frau. Ganz bestimmt nicht Ihrer Freundin, wenn Sie eine haben.«

Er stand auf und ging zur Tür.

»Denken Sie darüber nach. Das Messer rutschte an einer Rippe ab. Ein kräftiger Mann hätte die Rippe gekerbt, wenn nicht gebrochen. Sonst war es schon ganz gut, knapp am Herzen vorbei. Bis dann. Ach, wußten Sie, daß Ihre Tochter schon ganz erhebliche Fortschritte beim Taekwondo gemacht hat? Meine Tochter ist im selben Kurs. Schwieriges Alter, nicht wahr?«

Heiner schwieg. Er war erleichtert, als der Polizist weg war. Keine Ahnung hatte er. Nicht die geringste Ahnung. Weder von Frauen noch von der Ehe. Und von Töchtern schon überhaupt keine. Der war doch verrückt.

»Ihre Frau möchte Sie sehen«, sagte der Arzt. Er sah ernst aus. »Soll ich...«

»Ich möchte schlafen«, Heiner war plötzlich erschöpft. »Ich bin müde. Sehr müde sogar.«

Irgendwann, es war schon dunkel, sah er sie plötzlich, wie sie an seinem Bett standen, Katrin, Karla und Lisa. Ein Traum. Ein Alptraum. Dieser verdammte Polizist.

King

Dem ersten Schlag konnte er noch ausweichen. Der zweite streifte seinen Schädel kurz hinter dem rechten Ohr, genau an der Stelle, die vom letzten Mal noch ganz verschorft war und tierisch juckte. Abhauen war nicht mehr drin, er war wie festgenagelt in der Ecke zwischen Kühlschrank und Bierkästen, also riß er nur die Arme hoch und duckte sich. Das schlimmste waren nicht die Schläge, die kamen zu unkontrolliert, um wirklich zu schmerzen, das schlimmste war, daß alles so wortlos ablief, nur der keuchende Atem, das Klatschen der Handflächen auf seinen Armen, dem Oberkörper, und jetzt ein Fausthieb in den Magen, der ihm die Luft nahm.

Der Alte würde aufhören, wenn er jetzt schrie. Sven biß die Zähne aufeinander, nahm die Arme herunter und starrte seinen Vater an. Der Alte schwankte einen Schritt zurück, wie blöde jetzt sein Gesichtsausdruck, offenstehender Mund, rotgeäderte Augäpfel, in denen die Pupillen rastlos hin- und herschwammen, die zusammengekniffenen Augenbrauen, als ob der Kerl tatsächlich den Versuch wagte nachzudenken. Der doch nicht. Der konnte doch nur darüber nachdenken, wie er die nächste Pulle Korn ranschaffen sollte.

»Alles klar?« fragte Sven und haßte seine kieksende Stimme fast genauso heftig wie seinen Vater.

»Du – du – ach, laß mich doch«, der Alte machte eine wegwerfende Handbewegung und drehte sich um. Für heute war es jedenfalls vorbei. Als Sven zur Tür ging, saß sein Vater wieder auf dem Küchenstuhl und setzte die Flasche an.

»Wenn ich dich noch einmal in diesem Aufzug sehe, dann kannst du was erleben!« Okay, wenn er das letzte Wort haben wollte, seinetwegen. Soll er doch weggucken, wenn ihm die Klamotten nicht gefielen. Machte er ja schließlich auch, wenn ihm der Anblick seines Vaters auf den Geist ging. Sven verschwand in seinem Zimmer und schloß die Tür hinter sich zu. Er ging in die Knie, legte sich auf den Boden und angelte einen Pappkarton unter seinem Bett hervor. Er hob den mit Luftlöchern versehenen Deckel hoch. Der vertraute süßliche Geruch schien auf einmal den ganzen Raum auszufüllen.

»Komm her, King«, sagte Sven und faßte in den Karton hinein. Er wartete, bis er die feuchte Nase, die kitzelnden Barthaare und schließlich die zarten Krallen des Tieres auf seiner Handfläche spürte. Dann umschloß er es mit der anderen Hand und holte die Ratte heraus. King musterte ihn mit seinen blanken Knopfaugen und schnupperte neugierig. Sven setzte die Ratte auf sein Bein. King marschierte los. Er wußte genau, was er wollte. Sven lehnte sich zurück, um King die Sache etwas zu erleichtern. Ein paarmal rutschte die Ratte ab, doch dann hatte sie ihr Ziel erreicht: die Innentasche der abgewetzten Lederjacke, die Sven trug und in der sich immer ein Leckerbissen befand. Heute war es ein Stück Käse von der Sorte, die King besonders gern mochte. Obwohl er eigentlich alles fraß, was nur irgendwie verdaulich war. King verschwand in der Tasche, bewegte sich hin und her auf der Suche nach Eßbarem, fand es schließlich und fraß. Sven konnte die kleinen rhythmischen Bewegungen fühlen, die King beim Fressen immer machte. Fressen konnte man eigentlich nicht sagen, es war alles so sauber und gründlich, bis auf den letzten Krümel wurde alles verputzt.

»Scheiß mir bloß nicht da rein«, sagte Sven halblaut, als

es verdächtig ruhig wurde in seiner Jackentasche. King steckte seinen Kopf heraus und sah ihn irgendwie empört an.

»Hab's ja nicht so gemeint, King. Na, komm her. Aussicht genießen.« Er klopfte auf seine Schulter. King kletterte hoch und setzte sich auf seinen Lieblingsplatz. Er wählte immer die linke Schulter, weiß der Teufel warum. Vielleicht gefiel ihm der Ohrring, den Sven an seinem linken Ohr trug, so ein längliches Glitzerding. Geschenk seiner ersten Freundin, das war auch so ein Tanz gewesen mit seinem Alten. Mach das Ding ab, wie läufst du denn bloß rum, jetzt hab ich nicht nur 'nen Versager, jetzt ist der Typ auch noch schwul, und all den Scheiß hatte der abgelassen. Dagegen waren die Lehrer ja noch richtig human, so einen Schrott hatten die nicht gelabert. Immer und immer wieder ging es dem Alten nur um die Fassade, Klamotten und Noten und Frisur und all der Mist. Dabei war er selber ein Versager, auf der ganzen Linie. Wenn Mama nicht gestorben wäre, wäre die ihm garantiert abgehauen. Und hätte ihn mitgenommen. Garantiert.

Er sah King an, dessen Schnauze so nah vor Svens Augen war, daß er ihn nur verschwommen sehen konnte. Sven schloß die Augen, die plötzlich tränten. Kam wohl von der Zugluft. Hastig stand er auf und schloß das Fenster. Im Fensterglas sah er seinen Umriß. Sven und King. Sah gut aus.

Viel später, es war schon Nacht, schloß er sein Zimmer auf und ging den dunklen Flur entlang zur Toilette. Wahrscheinlich war er zu müde gewesen, sonst wäre das alles nicht passiert. So war er nur geschockt, als er seinem Vater gegenüberstand, der sich gerade den Hosenstall zumachte. King hatte keine Chance.

»Jetzt ist Schluß, Schluß, aus!« brüllte sein Vater, schnappte sich die Ratte und schmiß sie ins Klo. Sven sagte nichts, machte nichts, registrierte nichts, stand einfach nur da, von einem so tiefen Entsetzen gepackt, daß er erst hinterher verstand, wirklich verstand, was sein Vater da tat. Den Klodeckel schließen, sich draufsetzen und abdrücken, abdrücken, immer wieder abdrücken. Das Wasser rauschte, aber dann war da noch so ein schrilles Pfeifen zu hören, am Anfang laut, dann immer schwächer, am Ende nur noch das Rauschen. Dann stand der Alte auf, sah hinein, riß ein Handtuch vom Haken und fischte etwas aus dem Klo, etwas Längliches, Tropfendes, Pelziges.

»Das fehlt noch, wenn die Rohre verstopfen, und wir dürfen dann den Klempner bezahlen«, lallte er. Er ging in die Küche. Sven hörte, wie der Deckel des Abfalleimers herunterknallte.

Er begann zu würgen.

In seinem Zimmer rauchte er eine Zigarette. Als er sie ausdrückte, war er ganz ruhig. Der Karton, in dem King gewohnt hatte, stand noch mitten im Zimmer. Wie der süßliche Geruch. Sven wußte, was er zu tun hatte.

In der Küche war es dunkel, nur die Leuchtziffern der Uhr strahlten ein grünliches Licht aus. Ein Klirren vom Balkon des Wohnzimmers verriet, daß der Alte da gerade schön ordentlich die Überreste seiner heutigen Sauferei entsorgte. Sven ging in das Wohnzimmer, mit langsamen Schritten; er stand vor der offenen Balkontür und sah seinem Vater zu, der sich wankend am Balkongeländer festhielt und irgend etwas vor sich hinmurmelte. Etwas von »Scheißleben« und daß die Alte es nun so viel besser habe, still und ruhig auf dem Friedhof.

Sven räusperte sich.

Sein Vater fuhr herum.

»Was ist – wieso...« Das Licht aus dem Wohnzimmer fiel auf sein zerstörtes Gesicht mit den aufgerissenen Augen. Sven machte einen Schritt auf ihn zu, mit der Gelassenheit eines Siegers. Der Alte wich aus, bis er mit dem Rücken zum Geländer stand. Er hob beide Hände wie zur Abwehr gegen einen tödlichen Hieb. Doch Sven holte nicht aus, schlug nicht zu, er stand einfach nur da und beobachtete den Alten, dessen Gesichtszüge von nackter Angst verzerrt waren.

»Tu das weg, hau ab, es ist tot«, keuchte er. Sven schüttelte den Kopf, als ob er seinen Vater nicht verstände. Er betrat den Balkon.

»Was hast du denn? Ist alles klar mit dir?« Er sprach so leise, daß er sicher sein konnte, daß seine Stimme erwachsen und tief klang. Der Alte reagierte so, wie er es sich vorgestellt hatte: Er sah um sich, in höchster Panik, suchte einen Fluchtweg und fand keinen. Am Ende preßte er die zu Fäusten geballten Hände vor die Augen und wimmerte.

»Hör auf, Papa, jetzt ist es aber gut. Was ist denn los? Siehst du Gespenster? Jetzt hat es dich erwischt, das ist der Suff. Eines Tages mußte das ja so kommen.« Es war so einfach. Es reichte, seinen Vater zu berühren. Nur die rechte Hand auszustrecken und seinen Arm anzufassen. Der Alte zitterte am ganzen Leib.

»Nun komm schon rein, du holst dir doch den Tod hier draußen«, Sven redete jetzt etwas lauter, aber noch immer mit dieser erwachsenen Stimme, die er von nun an immer haben würde. Das wußte er genau. Im Nachbarhaus gingen Lichter an.

Der Alte schrie. Unkontrollierte Laute, Wortfetzen, die kein Mensch verstehen konnte. Er warf einen letzten Blick auf seinen Sohn, der unbewegt dastand. Dann kletterte er über das Geländer und ließ sich fallen. Gleichzeitig mit seinem Schrei wurde die Balkontür des Nachbarhauses aufgerissen.

»Um Gottes willen«, schrillte Frau Urban. Sie trug ein langes weißes Nachthemd und sah aus wie ein Gespenst.

»Warum hat er das nur gemacht?« Sven trat zum Geländer und sah hinunter.

»Keine Ahnung«, murmelte er. »War wohl ein Delirium oder so was. Was meinst du, Queenie?« Er streichelte die Ratte, die auf seiner Schulter saß.

Grüne Sauce

Hinterher ist man ja immer schlauer. Mir fiel die ganze Sache erst auf, als mir meine Frau, sonst von untadeligem Geschmack und überhaupt jemand, der mir die Wünsche von den Augen ablas, an einem Sonntag vor acht Wochen dieses entsetzliche Frühstück servierte. Ohne mich vorher zu fragen – und sie weiß genau, daß mir der Sonntagmorgen heilig ist –, stellte sie eine Terracotta-Schale vor mich hin, die mit einem ekligen Körnerbrei gefüllt war. Obendrauf lagen Kiwischeiben, Orangenschnitzel, Bananenstücke, alles überstreut mit Nüssen und Mandeln. Zuckersüß lächelnd schleppte sie noch einen formschönen Glaskrug mit Milch herbei und wünschte mir einen guten Appetit. Der war mir vergangen. Ich legte die Sonntagszeitung zur Seite und musterte meine Frau. Sie sah aus wie immer, das war ja das erstaunliche. Rosiger Teint, blitzblaue Augen, eine lächelbereite Miene. Ich räusperte mich.

»Hey«, sagte ich vorsichtig. »Gibt es heute etwa keinen Toast?«

Meine Diplomatie führte zu nichts. Außer zu einer diplomatischen Antwort.

»Wenn du das erst mal gegessen hast«, sagte sie munter, »kriegst du bestimmt keinen Toast mehr runter.«

Das verschlug mir die Sprache. Habe ich eigentlich schon erwähnt, daß meine Frau ein Mensch ist, dem man wirklich nicht böse sein kann? Vielmehr war sie solch ein Mensch, aber darauf komme ich später. Alles der Reihe nach. Damals gab ich mich geschlagen und würgte das

Zeugs herunter. Ich bin kein Unmensch, und wie gesagt, der Sonntag ist mir heilig. Nach ihren Motiven fragte ich nicht. Vielleicht hatte mich schon an jenem Tag die Ahnung beschlichen, daß irgend etwas mit meiner Frau nicht stimmte. Im übrigen hatte sie tatsächlich recht: Ich war derartig satt nach dieser ungewohnten Mahlzeit, daß ich sofort nach den Zigaretten griff und mich wieder in die Zeitung vertiefte.

Die Veränderungen waren schleichend. Erst im Rückblick – und jetzt habe ich viel Zeit, um über alles nachzudenken – erscheint alles folgerichtig, vielsagend und zwangsläufig in der Katastrophe mündend, die dann schon fünf Wochen später stattfand. Verdammt, damals dachte ich nur, daß Inga sich eben langweilte in ihrer Hausfrauenrolle und auf einem geheimnisvollen Selbsterfahrungstrip war. Ich bin nicht kleinlich, wirklich nicht, Inga hatte das Recht, sich voll neben mir zu entfalten. Ich in der Firma und sie zu Hause. Außerdem fand ich es toll, wenn sie in ihren süßen knappen Kleidern auf Betriebsfeiern der strahlende Mittelpunkt war und sich mit Gott weiß wem unterhielt. Es war mir zwar schleierhaft, über welches Thema sie so intensiv reden konnte (zu Hause war sie eher schweigsam, was mir gefiel), aber ich bin nicht der eifersüchtige Typ. Im Gegenteil, es erfüllte mich mit einem wahnsinnigen Stolz, wenn sie so umschwärmt war. Die Frau vom Chef... Und dann so ein junges, unverdorbenes Mädchen, geschmackvoll, reizend, charmant und mit der Eigenschaft, die man Herzensbildung nennt. Nun ja, ich liebte sie, was soll ich da herumreden.

Auf einmal trug sie andere Klamotten. Inga ist eine Frau, die noch in einem Kartoffelsack toll aussieht, aber mußte sie deshalb einen anziehen? Und ihre blonden Locken! Okay, ich sah tatsächlich ein, daß eine Dauerwelle die Haare kaputtmacht, und der Kurzhaarschnitt stand ihr wirklich nicht schlecht; aber ich schluckte doch, als sie auf einmal wie ein Lausbub vor mir stand. Sie benutzte nur noch Naturkosmetik, und all die blitzenden Flakons, die mattschimmernden Lippenstifte, die bunten Fläschchen mit Nagellack, die ganze rührende weibliche Unordnung im Badezimmer verschwanden. Sie roch etwas streng nach Hefe und Mandelkleie, aber ich hielt mich zurück. Schließlich war es ihre Haut, um die es ging. Da hält man sich als Mann besser raus. Denn die ganze Zeit war sie mir gegenüber freundlich, aufmerksam, sie verwöhnte mich auf eine ganz neue Art: das war es letztlich, was mein Mißtrauen erregte. Liebe geht durch den Magen, sagt man. Heute muß ich schmerzlich hinzufügen: wie wahr.

Die Mangoldrollen schluckte ich klaglos. Und die Paprika-Zucchini-Tomaten-Gerichte, mit Knoblauch aromatisiert und an körnigem Wildreis, schmeckten echt prima. Bei Salaten tobte Inga sich richtig aus, probierte Balsamico-Essig und Nußöl und dekorierte alles mit Sternfrüchten. Nach einigen Wochen fing ich an, von Steaks und Pommes zu träumen, von Currywurst und Reibekuchen. Sie sah mich angewidert an, als ich ihr meine geheimsten Wünsche offenbarte. Und das war es dann, dieser verächtlich herabgezogene Mundwinkel, die hochgezogenen Augenbrauen, dieses Igitt in der Stimme. Da wußte ich, daß sich in unserem Verhältnis irgend etwas grundlegend geändert hatte.

Ich ging zum Angriff über.

»Was ist das überhaupt hier?« fragte ich in scharfem Ton und hielt ein grünes Blatt hoch, das den puderzuckerbestreuten Dessertteller verzierte. Vanillecreme ist meine Leibspeise, aber dieses Blatt... Irgendwie teilte es mir mit, daß Vanillecreme nicht gesund ist.

»Das ist Minze«, entgegnete Inga erstaunt und unschuldig. Ich setzte nach.

»Minze, Minze, das gab's doch früher nicht bei uns, woher kriegst du dieses ganze Zeug überhaupt?« fuhr ich sie an. Und sie zuckte zusammen. Wurde rot. Sie saß in der Falle.

»Da ist doch dieser neue Laden bei uns um die Ecke«, murmelte sie und senkte den Blick. Mein Gott, die Geschichte war so banal. Ich kann sie eigentlich kaum erzählen, so alltäglich war sie. Das Problem war nur, daß es mir eben zum ersten Mal passierte. Und daß Inga meine Frau ist, nicht irgendeine Frau, von der man in der Zeitung liest.

Ich mache es kurz. Die Qual der folgenden Wochen, das Lauern, die Beobachtungen, das kurze Aufkeimen der Hoffnung, daß alles nur ein Produkt der Phantasie sein könnte... Aber es stimmte. Sie hatte ein Verhältnis mit diesem Gemüsefritzen, diesem Bioladenfreak, diesem schlaffen Brillenträger, Herr über Demeter-Produkte und Kornmühlen... Entsetzlich, wie er das Schild »Bin gleich zurück« an die Ladentür heftete und mit Inga nach oben ging...

In dieser Nacht schlief ich mit ihr. Es war wie immer, nur plötzlich vermißte ich Phantasie, Feuer, Aktivität und geräuschvolle Orgasmen. Ich gebe zu, daß mir ihre Zurückhaltung sonst immer gefallen hatte. Sie ist eben unverdorben, hatte ich früher gedacht. Ich war schließlich ihr erster Mann gewesen, und da kann man keine Erfahrung erwarten. Ich gebe auch zu, daß ich mich in dieser Nacht zu jener dämlichen Frage hinreißen ließ, die man nun wirklich nicht stellen soll.

»Hat es dir Spaß gemacht?« fragte ich und beobachtete sie. Sie atmete etwas schneller und nickte dann. Ihre Augen waren geschlossen. Ich hätte Inga erwürgen können, aber ich hatte mich in der Gewalt. Ich gehe an Probleme eben rational heran.

Dachte ich jedenfalls. Auch an dem Tag, an dem es schließlich passierte. Ich kam nach Hause und hatte alles schon geistig durchgespielt. Meine vorsichtige Frage, wie sie sich denn die Zukunft vorstellen würde; ob ihr dieser

Mann denn soviel bedeute, daß sie unsere Ehe aufs Spiel setzen wolle. Wovon sie denn eigentlich leben wollte, wenn sie mich verließe; diese letzte Frage natürlich nur für den Fall, daß sie bis dahin keine Anzeichen von Vernunft gezeigt hätte. Man weiß ja, wie spontan Frauen sein können, wenn es um Gefühle geht.

Sie stand in der Küche, umgeben von rotem Paprika, Lollo Rosso, Schlangengurken, Zwiebeln, haufenweise Grünzeug; es sah aus, als ob sie den halben Laden leergekauft hätte, und meine erste sachliche Frage, die im Probedurchlauf wirklich lässig geklungen hatte, fiel barsch und bitter aus. Kein Wunder, die ganze Zeit stellte ich mir vor, wie sie erst ihre Einkäufe erledigte, um dann mit diesem Typ... Ich atmete tief durch. Ganz im Gegensatz zu mir blieb sie ruhig, was mich noch mehr aufbrachte.

»Aber was hast du denn«, gab sie zurück. »Bist du mit deinem Leben nicht zufrieden? Vermißt du irgend etwas in letzter Zeit?« Ihre überlegene Ruhe machte mich rasend, zumal mir nicht einfiel, was ich dazu sagen sollte. Tatsächlich ging es mir ja gut. Objektiv gesehen natürlich nur. Wenn da nicht dieses Wissen gewesen wäre, daß sie mit ...

»Es soll also alles so bleiben, wie es ist«, stieß ich hervor. Ich mußte mich irgendwo festhalten, weil ich das Gefühl hatte, daß mir der Boden unter den Füßen weggezogen wurde.

»Warum denn nicht«, meinte Inga und hackte Kräuter, riesige Berge von Kräutern. Wie eine kleine grüne Hölle mitten auf der marmornen Arbeitsplatte unserer funkelnagelneuen Einbauküche sah das aus. Ich schluckte und zwang mich zur Ruhe.

»Was bist du nur für eine Frau«, sagte ich. »Wenn ich nicht herausgefunden hätte, daß du einen Liebhaber hast, hättest du das Spiel wohl noch jahrelang so weitergetrieben. Aber nicht mit mir. Ich bin für klare Verhältnisse. Er oder ich. Du hast die Wahl...«

Ich redete mich in eine weiße Wut hinein, in der die ganze Geschichte eine höchst einfache wurde, übersichtlich und mit simplen Lösungen. Es irritierte mich nur, daß Inga sich weiterhin diesen Kräutern widmete und nun dazu überging, das grüne Zeug in den Fleischwolf zu schütten. Vorsichtig, die Zungenspitze hing leicht heraus, schabte sie die gehackten Kräuter von der Marmorplatte in den gierigen Schlund des Fleischwolfs. Endlich war es geschafft, und sie lächelte. Was gab es da zu grinsen? Doch nun drehte sie sich zu mir um und war ernst.

»Für mich gibt es kein Entweder-Oder. Ich fühle mich wohl bei dir, aber mit dir kann ich nur einen Teil von mir ausleben. Den anderen Teil lebe ich woanders aus. Und überhaupt, diesen anderen Teil würdest du sowieso nicht mögen. Was könntest du da schon vermissen?«

Sie hatte also auch nachgedacht, alle Achtung. Inga drehte nun an der Kurbel des Fleischwolfs, ruhig und ohne Anstrengung. Eine grüne pampige Masse floß unten heraus und klatschte in eine Metallschüssel.

»Was machst du da überhaupt?« fragte ich blöde. Sie antwortete wie einem begriffsstutzigen Erstklässler.

»Frankfurter Grüne Sauce, schmeckt prima zu Pellkartoffeln.«

Ungerührt kurbelte Inga weiter; und ich starrte auf diese grüne Pampe, hörte nur noch das leichte Quietschen der Kurbel, kriegte nichts mehr mit außer dieser stumpfsinnigen Drehbewegung. Ich glaube, sie hatte mich hypnotisiert. Ich schüttelte meine Betäubung ab und schrie Inga an.

»Liebst du mich eigentlich noch?« Sie zuckte zusammen, bediente aber weiter den Fleischwolf, in den sie neues Grünzeug kippte.

»Verstehst du was davon«, murmelte sie nur und drehte, drehte, drehte – als ob sie meine Seele zerdrücken, zermatschen, auspressen und kleinkriegen wollte. Ich mußte meinen Blick von diesem Monstrum losreißen. Leider fiel er auf die Paprika, blutrot und aufgeschnitten. Und das scharfe Messer, das daneben lag.

Ich schwöre, ab jetzt wird es undeutlich. Ich war ein anderer, als ich nach dem Messer griff, Inga an der Schulter festhielt, ausholte und die Klinge von oben in einer entschlossenen Bewegung nach unten führte. Ihre weit aufgerissenen Augen, das letzte Mal, daß sie mich so ansah: voller Angst, ganz klein, ganz schwach. Und dann sehe ich nur noch Rot. Blut. Danach wird es dunkel. Ihren Schrei, den habe ich noch gehört. So würde sie nie wieder schreien...

Als ich wieder zu mir kam, das muß vor knapp drei Wochen gewesen sein, saß ein Polizeibeamter neben mir. Obwohl ich nur langsam auftauchte, war mir das sofort klar. Ich registrierte das Weiß von Krankenhaus, den Geruch von Krankenhaus, die Geräusche von Krankenhaus. Daß der Kerl in Zivil, der auf einem Stuhl an meinem Bett saß, kein Krankenpfleger war, sah man sogar auf den ersten, noch undeutlichen Blick.

»Ich sage nichts«, krächzte ich. »Ich will nur meine Ruhe haben.« Der Polizist erhob sich und ging zur Tür. Kurze Zeit später eilte eine Krankenschwester herbei, die nach kurzer Flüsterkonferenz wieder verschwand und in Begleitung eines Arztes wiederkam. Die ganze Zeit über musterte mich dieser Bulle. Ich schloß die Augen. Ich war fest entschlossen, keinen Ton zu sagen, nicht einen einzigen. Ich war es ja nicht gewesen, der meine Frau erstochen hatte. Jeder, der mich kennt, würde so etwas für ausgeschlossen halten. Das paßte einfach nicht zu mir. Kein Wunder, daß ich in einem Krankenhaus aufwachte, ich mußte völlig ausgeflippt sein, meschugge, durchgedreht.

Der Fleischwolf fiel mir wieder ein. Panik überfiel mich. Raus hier, nichts wie raus. Ich setzte mich auf, nein vielmehr, ich wollte es. Aber es ging nicht. Meine Panik wurde größer, vor allem als der Arzt seine Hand auf meine Stirn legte und etwas von nur für drei Minuten murmelte. Dann hörte ich die heisere Stimme des Bullen, der sich um einen schonenden Krankenhauston bemühte. Es gelang ihm nicht. Auf onkelhafte Art stellte er sich als Kommissar Breuer vom 1. K vor und erklärte mir, ich bräuchte nichts auszusagen. Aber bei der Aufklärung der Umstände könne ich der Polizei doch vielleicht behilflich sein.

»Nicht ohne meinen Anwalt«, preßte ich heraus. »Erst will ich wissen, was hier gespielt wird.«

»Das wissen Sie nicht?« fragte der Kerl erstaunt. Ich schüttelte den Kopf.

»Meine Frau«, begann ich. »Wie, wo ist sie?« Das war ein kluger Schachzug von mir. Wenn ich nicht mal wußte, daß sie tot war, würde man mich sicherlich für schuldunfähig halten. Ich legte noch einen drauf. »Ich will sofort meine Frau sehen«, brüllte ich los. »Inga«, und ich schluchzte. Das war kein Theater, ich heulte los wie ein Schloßhund. Vielleicht hätte ich das mal früher tun sollen. Jetzt war es zu spät. Der Arzt wurde hektisch und schmiß den Bullen raus. Endlich. Ich seufzte auf und schlief wieder ein.

Erst Tage später, ich hatte mich ständig geweigert, mit dem Bullen zu sprechen, brachte man mir schonend bei, daß ich gelähmt sei, vom Nabel abwärts unbeweglich, vegetable, wie es so schön im Englischen heißt. Gemüse. Ich müsse unglücklich gefallen sein, auf eine Tischkante vielleicht, oder ein kräftiger Stoß, Tritt, Schlag. Möglicherweise sei die Lähmung auch psychischer Natur, dann gäbe es Hoffnung auf Heilung, sobald ich die traumatischen Erlebnisse verarbeitet hätte...

Ich nahm es als Strafe hin.

Bis zu dem Tag, an dem mich Inga besuchte, strahlend schön und vollkommen unverletzt. Sie lächelte und schwieg. Ich muß mit dem Messer gegen den Hängeschrank gekommen sein, und dann? Abgerutscht vielleicht? Die Haut unter meinem Verband juckt. Ob ich mich selber... Aber was war danach passiert?

»Ich habe der Polizei nichts gesagt«, flüsterte sie. »Wann kommst du nach Hause?« Sie überreichte mir ein wundervolles Gesteck, das sich zierlich und kühn aus feuchtem Moos in die Höhe reckte.

»Ich mache seit längerer Zeit Ikebana«, verriet sie mir.

Ihr anderer Liebhaber ist wahrscheinlich Japaner, bewandert in der sanften Kunst des Blumensteckens und der härteren irgendeiner fernöstlichen Kampfsportart.

»Danke«, sagte ich.

Ich muß zufrieden sein. In meiner Lage...

Teufelskreis

Die Frau stand auf dem obersten Balkon des fünfstöckigen Wohnhauses. Die Sonne schien, und ihr Licht reflektierte von den Wolkenkratzern, die das Haus um ein Mehrfaches überragten. Sie schaute auf die beiden Birken hinunter, die jemand in dem kleinen Vorgarten gepflanzt hatte; vielleicht in der Hoffnung, sie würden eines Tages genug Schatten spenden, daß auch die Mieter des fünften Stockes von seiner Kühle profitieren könnten. Es war nicht so gekommen. Die Birken hatten ihr Wachstum eingestellt, als ihre Wipfel den dritten Stock erreicht hatten. Genauso wie das Haus wirkten sie verkümmert und geduckt neben der gleißenden Kühnheit der Hochhäuser. Es war ruhig hier, geradezu gespenstisch still.

Der Kleine schrie noch immer, aber hier draußen auf dem Balkon hörte sie das kaum. Der Briefträger lief über den Plattenweg, der den Vorgarten in zwei Hälften teilte. Er schellte stets bei ihr, ob sie nun Post bekam oder nicht. Sie war die einzige, die immer zu Hause war, jedenfalls machte sie ihre Einkäufe erst, nachdem er wieder gegangen war. Heute brauchte sie nicht einzukaufen. Helmut hatte schon alles besorgt, die Kästen mit Mineralwasser und Bier, Pampers, all das, was es draußen in dem Supermarkt billiger gab und was sie ohnehin nicht transportieren konnte. Ohne Führerschein und Auto konnte sie nirgendwohin. Abgesehen davon, daß der Kleine langsam zu schwer wurde, um ihn mit sich herumzuschleppen, und noch hatten sie nicht die Erlaubnis des Hauswarts, den Kinderwagen unten im

Flur stehen zu lassen. Sie rauchte eine Zigarette. Sie würde das Rauchen aufgeben, ganz bestimmt. Drinnen ging es nicht mehr, es war nicht gut für den Kleinen, und die Gardinen wurden so schnell gelb. Früher hatte sie überhaupt keine Gardinen gehabt, und jetzt, wo es keine Spanner mehr gab – und wenn es welche gegeben hätte, hätten sie nicht mehr viel zu sehen gekriegt, so müde, wie sie beide immer waren –, fiel Helmut auf, daß die Gardinen vergilbten. Sie drückte die Zigarette aus und zählte die Kippen in dem leuchtend gelben Aschenbecher. Vier Stück seit heute morgen, zwanzig Minuten dieser merkwürdigen Ruhe, als ob die Zeit stillstünde...

Der Reklameaufdruck des Aschenbechers erinnerte sie an ihren ersten gemeinsamen Urlaub in Südfrankreich: der Blick auf den Platz, in dessen Mitte die alten Männer Boule spielten, die knorrigen beschnittenen Bäume rund um das Kriegsdenkmal, Straßencafés mit Kellnern in weinroten Jacken. Und Helmut bestellte in perfektem Französisch, lässig, ein Weltmann, der sich auskannte. »Chérie« hatte er sie damals genannt, und die Nächte in den durchgelegenen Betten waren lang und aufregend gewesen.

Regine ging in das Wohnzimmer zurück. Der Kleine schrie. Sie nahm ihn auf, schob ihr fleckiges T-Shirt hoch und gab ihm die Brust. Ihre Brüste waren blau geädert und schwer; sie würden nie wieder so straff und rund aussehen wie früher. Es tat weh, wenn der Kleine saugte. Das Telefon stand in Griffweite. Ihre Kaffeetasse war noch halbvoll, aber der Kaffee schmeckte bitter. Der Kleine schlief zwischendurch immer wieder ein, dann weckte sie ihn. Es würde sonst Stunden dauern, in denen sie nichts tun konnte, außer dazusitzen und zu warten, bis er satt war. Ihr Blick fiel auf die Scheiben der Balkontür. Im Sonnenlicht konnte sie die Putzstreifen sehen.

Als sie aufstand, schrie er wieder. Rotz und Speichel liefen über sein rotes, verzerrtes Gesicht und tropften auf ihr

T-Shirt. Sie holte ein Tuch aus der Tasche ihrer Jogginghose und wischte sein Gesicht ab. »Brauchst wohl eine neue Windel, du kleines Scheißerchen, ja, du kleines... Ja, wir gehen jetzt ins Bad und gucken, was wir da für dich haben...« Der Kleine sah sie verständnislos an. Sie schämte sich vor ihm. Vielleicht verstand er alles und wußte, daß man mit richtigen Menschen anders spricht. Regine redete weiter auf ihn ein, obwohl er sie mit diesem blöden Greisenblick anstarrte, weise und doch ohne Verständnis für das, was um ihn herum vorging. Jedenfalls war er nun ruhig, und sie konnte schnell das Frühstücksgeschirr von Helmut in die Spüle legen, die Brötchenkrümel vom Tisch fegen und das Fläschchen mit der Zusatznahrung anwärmen. Dann ging sie in das Badezimmer und legte den Kleinen auf die Wickelkommode. Tatsächlich, die Windel war voll. Der Eimer mit den gebrauchten Windeln quoll über, und sie nahm sich vor, später, wenn sie das Haus verließ, den Abfall mitzunehmen. Die letzten beiden Tage war sie nicht draußen gewesen.

Der Kleine gluckste zufrieden, als sie ihn eincremte. Der Kleine... der Name Helmut paßte nicht zu ihm, ein erwachsener Name, nichts für diesen kleinen zarten Körper und diese ungeformte Persönlichkeit. Manchmal sah er sie schon direkt an und verzog seinen Mund, als wenn er lächeln wollte. Vielleicht hätte er eine andere Frau auch angelächelt. Die Frauen aus der Schwangerschaftsgymnastik hatten diese Zweifel nicht. Aber sie hatten auch Männer, die besser hechelten als die Schwangeren selbst, und nach der Geburt gab es keine Probleme mit dem Sex. Die Frauen riefen nicht mehr an, schon seit Wochen nicht mehr. Überhaupt rief nur noch Helmut an, meistens, um ihr zu sagen, daß es länger werde im Büro. Eigentlich war sie immer froh darüber, denn sie hatte nichts gekocht. Irgendwie ging der Tag vorbei, und sie hatte noch nicht einmal etwas gekocht. Sie selbst war ja mit einer Scheibe Brot zufrieden oder einer

Pizza, außerdem mußte sie abnehmen, aber Helmut konnte das nicht verstehen, daß noch nicht einmal die Kaffeetassen weggespült waren und das Bett nicht gemacht war.

Der Kleine schlief ein. Vorsichtig nahm sie ihn und legte ihn in sein Bettchen. Eine Stunde Zeit hatte sie jetzt für sich, dann würde er wieder aufwachen, hungrig, einsam, hilfsbedürftig, schreiend. Regine steckte sich eine Zigarette an und ging auf den Balkon. Es war ein perfekter Sommertag, nicht zu heiß, ein leichter Wind. Hinter einem dieser Fenster der Stahl- und Glastürme saß Helmut und analysierte irgendwelche Märkte, damit Reiche noch reicher werden konnten. Auch wenn er langsam so etwas wie Karriere machte, reich würden sie nie werden. Das Häuschen im Grünen, das sie sich leisten könnten, gab es nicht in der Peripherie dieser Stadt der Banken und Versicherungen. Es war nicht mehr still. Ihr Nachbar war zu Hause und hörte Musik, ein fünfzigjähriger Mann, alleinlebend, mehr wußte sie nicht von ihm. Einmal hatte sie mit ihm gesprochen, ob sie die Zeitung haben könne, die er abonnierte, und seitdem lag seine Zeitung auf ihrer Fußmatte, zerlesen und unordentlich zusammengelegt, jede Woche.

Das Telefon schellte.

Sie hatte vergessen, daß drinnen kein Aschenbecher war, und nun stand sie vor dem Telefon, die Zigarette in der Hand, atemlos, nahm den Hörer ab, sagte: »Hallo?« und blickte nervös um sich. Die Untertasse, die könnte sie nehmen. Sie inhalierte tief. »Hallo?« fragte sie noch einmal, und als sie dann diese heisere Stimme hörte, wußte sie, daß sie sofort hätte auflegen sollen.

»Regine, ich warte auf dich«, flüsterte die Stimme. Ein Mann. Ein ihr vollkommen unbekannter Mann.

»Wer – mit wem spreche ich?« Sie versuchte, ihrer Stimme einen normalen Klang zu geben, aber sie zitterte und war spröde.

»Du kennst mich nicht. Noch nicht. Aber ich kenne dich. Ich weiß alles von dir, kenne dich besser als du dich selbst. Du glaubst mir nicht?« Er lachte. Das Lachen war etwas lauter als seine geflüsterten Worte, aber es kam ihr trotzdem nicht bekannt vor; unmöglich, das Alter dieses Mannes zu schätzen. Sie drückte die Zigarette auf der Untertasse aus, heftig, entschlossen. Die Kaffeetasse schwankte, dann kippte sie um. Der Kaffee floß über die Tischkante und tropfte auf den hellgrauen Velourteppich.

»Was wollen Sie von mir? Wer sind Sie?« fragte sie scharf. Der Fleck würde nie wieder herausgehen, auch wenn sie noch Teppichshampoo im Haus hätte.

»Du stellst die falsche Frage. Es geht um dich. Fragst du dich das nicht manchmal selbst, wer du bist? Ob das, was du machst, das ist, was du wirklich tun willst?«

»Hören Sie, wenn Sie von einer dieser Sekten sind, können Sie es vergessen, rufen Sie lieber jemand anderen an, mit mir vergeuden Sie nur Ihre Zeit...« Regine nahm eine Zigarette und steckte sie zwischen die Lippen. Das Feuerzeug funktionierte erst beim dritten Versuch, und die Flamme tanzte so wild, daß es eine Weile dauerte, bis die Zigarette brannte. In der Zwischenzeit hörte sie nur dieser Stimme zu, die so nah war, als ob jemand direkt neben ihr läge. Das war es. Der Mann lag. Eine solche Stimme hatten Männer nur im Bett.

»Regine, du träumst doch nur vom Leben, du lebst es doch nicht. Es geht alles an dir vorbei, alles, was spannend ist und neu. Du stehst auf deinem Balkon und siehst aus, als ob du gleich springen würdest. Ist dir noch nicht aufgefallen, daß du dein Kind noch nie mit auf den Balkon genommen hast?«

»Nein«, murmelte sie unwillkürlich. Sie stand auf und ging zur Balkontür, so weit, wie es die Schnur zuließ.

»Du hast Angst, daß du ihn hinunterwerfen könntest, nicht wahr?«

»Nein, wie kommen Sie darauf?« Sie schrie fast. Sie sollte auflegen. Warum legte sie nicht auf?

Die gegenüberliegende Häuserreihe, auf der anderen Seite eines Platzes, war niedriger als ihre eigene. Zwischen diesen Häusern und ihrem standen Bäume. Unmöglich, von dort aus ihren Balkon zu sehen. Und wenn er in einem der Hochhäuser war, ein Fernglas in der Hand? Unsinn, sie atmete bewußt langsam, der Mann lag im Bett. Seine Stimme war leise und entspannt, etwas lauter als das anfängliche Flüstern, aber immer noch von derselben intimen Nähe.

»Kleines, ich weiß genau, wie es dir geht. Ich brauche dich doch nur anzusehen. Das rote, schlabbrige T-Shirt, das du jetzt schon drei Tage trägst, und die ausgeleierte Hose... Rot steht dir nicht, dein blondes Haar wirkt farblos. Und warum bindest du dir die Haare zu einem Pferdeschwanz, weil es so praktischer ist? Damit das Kind nicht daran zieht? Tu es für mich, wasch deine Haare und trage sie offen. Du bist so schön. Dein Körper ist auch jetzt schön. Wenn du es hören willst, sage ich dir, was ich alles mit deinem Körper machen würde, wenn du jetzt hier wärst, bei mir. Soll ich? Soll ich dir sagen, wie sehr ich dich begehre?«

»Nein. Ich will es nicht hören«, sagte sie schnell. Ihr Herz klopfte. Wer war dieser Mann, der sie kannte, er mußte sie kennen, er wußte so viel von ihr. Auch wenn sie jetzt das Gespräch beenden würde, ihre Angst blieb.

»Das kannst du nicht wirklich meinen. Dir fehlt der Mut, das ist alles.« Er atmete schwer. Im Hintergrund erkannte sie Musik, irgend etwas Klassisches, das ihr bekannt vorkam. Wenn er weiterredete, würde er sich vielleicht verraten. Eine Kleinigkeit nur und...

»So. Glauben Sie? Was jetzt kommt, kenne ich sowieso. Obszöne Anrufer gibt es wie Sand am Meer.« Sie umklammerte den Hörer, der ihr plötzlich so schwer vorkam, fast hätte sie ihn fallengelassen.

»Regine, rede keinen Quatsch. Ich bin kein obszöner Anrufer. Ich meine dich, nur dich, deine großen Brüste voller Milch, deine langen Beine, die ein wenig zu dünn sind. Ich will dich, verdammt. Ich weiß genau, daß Helmut kein Interesse mehr an dir hat. Und du willst mich auch, gerade weil du mich nicht kennst. Du kannst schamlos sein, alles das tun, was du – du brauchst nur zu kommen. Es ist nicht weit…«

Die Musik. Es war die Musik, die sie vorhin gehört hatte, als sie auf dem Balkon stand. Der Nachbar. Wollte ihr Angst einjagen, sie fertigmachen. Widerlicher Spanner. Sie warf den Hörer auf die Gabel. Sie sprang auf, der Kleine schlief noch, rannte in das Badezimmer und schloß die Tür hinter sich ab. Im Spiegel sah sie ihr rotfleckiges Gesicht, die zitternde Unterlippe. Sie riß so heftig an dem Gummiband, das ihre Haare im Nacken zusammenhielt, daß ihr Tränen in die Augen schossen. Sie schüttelte die Haare frei und zerwühlte sie mit beiden Händen. Regine zog ihr T-Shirt aus und warf es in den Korb. Der säuerliche Geruch halbverdauter Milch ekelte sie an. Sie stopfte die herausquellenden Windeln tief in den Eimer und drückte den Deckel fest zu. Dann riß sie das Fenster auf und atmete die frische Luft ein, in tiefen, fast schluchzenden Atemzügen.

Als sie wenig später vor der Tür des Nachbarn stand, war sie ruhig. Sie trug eine weiße Bluse und Jeans, die Haare fielen über die Schultern. D. Kreutzer, selbst den Namen hatte sie sich nicht gemerkt. Er war für sie nichts als die zerlesene Zeitung. Nicht einmal auf den Adressenaufkleber hatte sie geachtet, sonst wüßte sie seinen Vornamen. Er dagegen hatte sie beobachtet, belauscht, seine Schlüsse gezogen…

Sie drückte auf den Klingelknopf. Sie hörte seine langsamen Schritte, die sich näherten, sie hörte, wie er den Türöffner betätigte, etwas in die Gegensprechanlage sagte. Als eine Reaktion ausblieb, öffnete er die Tür.

»Hier bin ich«, sagte Regine. Sie machte einen Schritt auf ihn zu. Er wich zurück. Sie schloß die Tür hinter sich und ging an ihm vorbei ins Wohnzimmer. Sie kannte die Wohnung. Sie war genauso wie ihre eigene, nur daß hier eine heillose Unordnung herrschte. In einer Ecke des Raumes stand eine auf die Ledercouch gerichtete Videokamera. Überall lagen Kleidungsstücke herum, auf dem Glastisch vor der Couch türmten sich Pornomagazine neben einem übervollen Aschenbecher aus Onyx, Flaschen und Gläser standen auf dem Tisch und dem fleckigen Teppich. Die heruntergelassenen Jalousien ließen Lichtstreifen in den Raum, die ihn in eine unwirkliche Höhle verwandelten.

»Und nun?« fragte sie und sah ihm in die Augen. Der Mann hatte graue Haare, war schlank und groß, seine Augen waren graublau und rotgeädert. Sein Mund wirkte weich und unentschlossen. Er hatte ein fliehendes Kinn, aber seine Stirn war hoch und gut geformt.

»Regine«, sagte er zögernd. »Ich hätte nicht gedacht...«

»So? Die Einladung war doch eindeutig.« Sie begann, ihre Bluse aufzuknöpfen. Sein weicher Mund zuckte. Plötzlich war der Mann da, sein Mund überall, seine Hände auch, ungeschickt, suchend, die empfindlichen Brustwarzen knetete er zu fest, und den Nacken über dem Haaransatz berührte er zu sanft. Er zerrte an ihrer Bluse, fummelte am Reißverschluß ihrer Jeans, zwängte seine Hand hinein. Die Haut seines Handrückens riß auf, als er ungeduldig zwischen ihre Beine faßte. Er stöhnte, und sein heißer Atem, der nach Alkohol roch und nach Zigaretten, streifte ihren Hals. Irgendwie war es ihm gelungen, sie auf die Couch zu zerren und die Jeans zu öffnen. Seine Hand wanderte in ihren Slip.

Sie faßte ihm derb zwischen die Beine. Er keuchte.

»Hör auf!« fuhr sie ihn an. Er sah sie an, sein Mund war halb geöffnet und schlaff. Dann war es sehr still, und sie hörte den Kleinen schreien, ganz schwach. Sie stieß ihn weg und stand auf. Sie zog die Jeans hoch und knöpfte sie zu.

»Allein mit deinen Fotos, da ist es leicht, was? Und am Telefon klappt's auch, aber wenn's drauf ankommt, lebst du auch am Leben vorbei.« Er kam hinter ihr her, natürlich kam er hinter ihr her, sagte etwas von Geduld, und der Appetit komme beim Essen.

Regine lachte. Sie befreite sich aus der halbherzigen Umarmung, griff nach dem Onyxaschenbecher und schlug zu. Es war ihr egal, wie und wo sie ihn traf. Er wehrte sich nicht, und als er in die Knie sank, holte sie ein letztes Mal aus und ließ den Aschenbecher auf seinen Schädel krachen. Es gab ein häßliches Geräusch, und auf einmal war Blut da, viel Blut. Sie hatte keine Zeit mehr, die Stunde war um, der Kleine brauchte sie.

Sie wischte nichts ab, sie veränderte nichts. Der Typ hatte ihr Gewalt angetan, und sie hatte sich gewehrt.

Der Kleine trank. Regine saß in ihrem Sessel, auf dem Tisch eine Tasse Kaffee mit sauberer Untertasse, die Sonne schien, und der Kleine brabbelte zufrieden.

»Es ist alles in Ordnung«, flüsterte die Frau. »Du brauchst keine Angst zu haben. Mami springt nicht vom Balkon.«

Mann über Bord

Der See glitzerte und war doch still. Ein Windhauch streifte die Oberfläche des Wassers, das sich sanft bewegte und glucksend gegen die Pfähle des Bootsstegs schlug. Im Schilf gegenüber die ersten Zeichen von Leben an diesem frühen Morgen: ein Bleßhuhn, das die Deckung verließ, mit nervösen Kopfbewegungen auf der Suche nach Beute. Frühe Möwen zerrissen die Stille mit ihrem gierigen Gekrächze. Sie kreisten lange, bevor sie im Sturzflug hinunterstießen. Wenn sie wieder auftauchten, zappelten silbrige Fische in ihren Schnäbeln. Meistens jedenfalls, denn die Müritz war ein gutes Jagdrevier. Immer schon gewesen, auch früher, als man die Abwässer des Ortes noch ungeklärt in den See einleitete: die Natur wurde damit fertig; was war denn schon der Scheißdreck menschlicher Existenz gegenüber dieser unzerstörbaren gewaltigen friedlichen Landschaft, über die sich ein Mecklenburger Himmel spannte, weit, tief, blau und mit diesen federigen Wölkchen, die sie schon als Kind stundenlang beobachtet hatte...

Monika hatte wieder die Stimme ihres Vaters im Ohr: Moni, du träumst schon wieder, willst du nicht ins Wasser? Dann hatte sie stumm den Kopf geschüttelt und diesen Wolken nachgesehen, die sich auftürmen konnten zu den unglaublichsten Gebilden.

Hier, genau auf diesem Steg, hatte sie am liebsten gesessen. In dem Bootshaus, einem Ferienobjekt des volkseigenen Betriebes, in dem ihr Vater arbeitete, war es viel zu eng für alle. Aber da draußen hatte sie sich wohlgefühlt. Ihre

Brüder hatten die Faltboote vom Dachboden geholt und sie unter großem Getöse zusammengebaut; daß Jungens immer so schreien mußten... Monika war froh gewesen, wenn sie endlich weg waren, selbst beim Paddeln brüllten sie sich noch irgendwelche Kommandos zu. Natürlich fuhren sie ins Rohr, was schon damals verboten war, und scheuchten Reiher und brütende Enten auf. Wenn Vater das Plasteboot losmachte, sah er sie nur kurz an, mehr war gar nicht nötig, um sie glücklich zu machen. Sonst war das Schweigen zwischen ihnen immer bedrückend, aber in dem Boot, nur sie zwei, ganz allein auf dieser unendlichen Fläche unter diesem weiten Himmel...

Monika seufzte. Ihr Rücken schmerzte.

Der Wind frischte auf. Sofort ertönte das Geräusch, das sie fast die ganze Nacht hindurch immer wieder aus dem Schlaf gerissen hatte: ein Klappern und Singen, wenn das Großfall, oder was auch immer, gegen den Mast schlug. Großfall, den Ausdruck hatte Siegmund ihr erklärt, als sie gemeinsam den Mast gesetzt hatten. Es sollte ein unvergeßlicher Urlaub werden, ihr erster gemeinsamer Segelurlaub, und er fand es rührend, daß sie immer Seile sagte statt Schoten. Siegmund liebte es, andere zu belehren, und so tat sie ihm den Gefallen: kreisrunde Augen vor Ehrfurcht, halbgeöffneter Mund, wenn er etwas erklärte, ungeschickte Finger, als sie den Palstek übte. Aber es war ja tatsächlich das erste Mal, daß sie segeln sollte, sie brauchte sich überhaupt nicht anzustrengen, um vollkommen ahnungslos zu wirken. Auch ihre Freude war keineswegs geheuchelt; wie von selbst war sie in ihren Augen aufgeblitzt, als er sie endlich fragte, ob sie nicht mal mit herauskommen wolle zu seinem Bootshaus, nur für ein verlängertes Wochenende, einfach so, ganz unverbindlich. Siegmund war immer schon ein Herzensbrecher gewesen, und auch mit vierundfünfzig konnte er es nicht lassen. Sie hatte ganz ruhig ja, gerne, gesagt, wie selbstverständlich.

Es mußte ganz einfach so kommen.

»Liebes, träumst du?«

Monika zuckte zusammen, als seine Hände ihre Schultern berührten, doch als Siegmund begann, ihren Nacken zu streicheln, entspannte sie sich.

»Klar träume ich, es ist ja auch einfach traumhaft hier, der blaue Himmel, das Wasser, stundenlang könnte ich nur hier sitzen und diesen See anschauen, daß es so etwas Schönes gibt...«

Sie hatte das Richtige gesagt. Siegmund platzte fast vor Stolz, so als ob er höchstpersönlich die Landschaft gestaltet hätte. Er knabberte an ihrem Ohr und murmelte Unanständiges.

Monika kicherte.

Die letzte Nacht war nicht ganz so schlimm gewesen, wie sie es sich vorgestellt hatte. Unvermeidlich war es sowieso, da mußte sie durch, das war von vornherein klar gewesen. Sie hatte viel von dem wunderbaren Cognac getrunken, den es früher nicht gegeben hatte, und er wirkte. Siegmund war nicht mehr der fette bebrillte Durchschnittstyp mit fahlem Gesicht, sondern nur noch ein zerfließender Farbklecks gewesen. Braune Hundeaugen, die sich an ihr festsogen. Und wie dankbar war er, noch einmal glatte Haut berühren zu dürfen, die festen Brüste einer Fünfundzwanzigjährigen, sie brauchte überhaupt nichts zu machen. Beim Küssen schloß sie die Augen, und als er sich neben sie legte, drehte sie ihm den Rücken zu. Er verstand die Aufforderung. »Magst du es so?« Überhaupt sprach er unentwegt, geile, schmutzige Sachen, die ihn erst richtig in Fahrt brachten.

Aber Reden war schon immer sein einziges Talent gewesen, ja, reden, das konnte er. Wenn es irgend etwas zu bejubeln galt, eine Planerfüllung, eine Prämie im Neuererwesen, den Geburtstag eines hohen Parteifunktionärs, dann war Siegmund der richtige Mann: Er konnte all die bekannten Platitüden so mitreißend darbringen, daß man glaubte, man hörte sie zum erstenmal. Hatte Vater jedenfalls immer gesagt.

»Ist wirklich ein schönes Fleckchen Erde hier«, meinte Siegmund jetzt. »Und das Haus habe ich spottbillig von meinem alten Betrieb gekriegt, genaugenommen von der Treuhand. Na ja, spottbillig ist übertrieben, aber wenn die Wessis erstmal dahintergekommen sind... Ein Angebot für den Laden habe ich schon, aber das ist noch lange nicht ausgereizt. Angebot und Nachfrage, das ist es doch, was wir immer sträflich vernachlässigt haben. Gott sei Dank ist das vorbei. Warst du schon mal hier?«

Monika schüttelte den Kopf. »FDGB-Ferienheim im Thüringer Wald, zu mehr hat es nicht gereicht. Aber doch, ja, einmal waren wir auf Rügen. Ich weiß auch nicht, womit wir das verdient hatten. Und heute? Kann ich mir nicht leisten. Du zahlst einfach zu schlecht, Liebster«, und sie grinste ihn schelmisch an.

Er ging nicht auf ihren Ton ein. Hielt ihr eine Vorlesung über Kapitalismus, Leistung, Tariflohn, er hatte all die neuen Ausdrücke drauf, und aus seinem Mund klangen sie auch ganz natürlich. Fakt war, wie man immer so schön sagte, daß all diese Dinge nun Fakt waren, aber mehr auch nicht. Siegmund verschwendete so viel Gläubigkeit daran wie früher an andere Dinge, die alles, nur keine Tatsachen gewesen waren. Es war unerträglich.

Monika sprang auf. »Bringst du mir armer, leistungsgerecht bezahlter und daher darbender Fachkraft für Schreibtechnik endlich das Segeln bei, oder warum sind wir hier?«

Monika hielt die Fockschot und starrte auf die schäumende Bugwelle, immer die gleiche und doch immer eine andere. Die heiseren Schreie der Möwen begleiteten sie genau so wie das Rauschen des dahingleitenden Bootes, das leise Knattern in den geblähten Segeln und das aufgedunsene

Gesicht ihres Vaters, den man Tage nach seinem Verschwinden aus dem See geborgen hatte. Da unten mußte er gelegen haben. Vielleicht hatte er gehofft, man werde ihn nicht finden, denn das konnte er nicht gewollt haben: daß seine Familie ihn so sehen mußte. Mutter hatte ihr erst Jahre später erzählt, warum sich Vater umgebracht hatte.

»Willst du auch mal an die Pinne?« rief Siegmund. Als er ihr ängstliches Zögern bemerkte, beruhigte er sie. Ohne Vortrag ging es bei ihm nicht, er war so einer von der Sorte Mann, dem man nie auch nur die kleinste Chance geben durfte, mit irgendeinem Wissen aufzutrumpfen. Heute war es Monika recht; er sollte sich wohlfühlen und in Sicherheit wiegen, es lief genau nach Plan. Sie nickte eifrig, ja, kein Problem, abfallen, anluven, auffieren, wenden, es war ohnehin nicht allzu windig.

Als sie die Plätze tauschten, taumelte sie ungeschickt in seine Arme, mit einem kleinen Huchschrei, Siegmund war entzückt. Sie umklammerte die Pinne, starrte hoch zum Verklicker und hielt Kurs. Siegmund stülpte sein weißes Hütchen über die Augen und relaxte. Dieses Hütchen war das einzig Verräterische an ihm. Es hätte Erich gehören können. Siegmund war ein Spießer, immer schon gewesen, nur daß er heute mehr verdiente. Außerdem war er ein Mörder.

Ein Mörder, der nun entspannt seine knappe Freizeit genoß, gerade eine Taschenflasche aufschraubte und sich, zufrieden mit ihrer Leistung als Rudergänger, einen Schluck genehmigte. Ausnahmsweise redete er mal nicht, schmatzte nur genüßlich und schluckte noch einmal. Fast tat er ihr leid. Er wußte ja nicht, daß es bald vorbei sein würde...

Monika schluckte. So ging es nicht. Er mußte reden, nur dann gelang es ihr, ihn zu hassen. Er hatte zuviel geredet in seinem Leben, und nun würde es *ihn* den Kopf kosten und nicht den vielen anderen wie früher. Eigentlich waren ihr die anderen egal. Aber ihr Vater, der war ihr nicht egal. Wenn Siegmund nur damals nicht soviel gequatscht hätte, mit den falschen Leuten, zur falschen Zeit, über die falschen Dinge...

Entschlossen luvte sie an, und der Wind, der vorher seitlich in das Großsegel eingefallen war, ließ das Segel nun flattern. Das Geräusch des killenden Segels weckte Siegmund auf, der »Dichtholen« schrie und ihr erklärte, was sie falsch gemacht hatte. Sie lächelte ihn entschuldigend an.

»Du machst es doch gut, Kleines«, meinte er gönnerhaft, als der Wind die Segel wieder füllte und das Boot an Fahrt gewann. »Du bist ein Naturtalent, und nicht nur beim Segeln. So was wie dich hätte ich früher kennenlernen sollen, dann wären mir zwei Scheidungen erspart geblieben, glaub es mir. Darauf genehmige ich mir noch einen, Prost!«

Der Alkohol löste seine Zunge, und er erzählte von den Frauen in seinem Leben. Natürlich waren sie lieblos gewesen, ohne Verständnis für ihn und seine Probleme, gingen irgendwann fremd und ließen ihn allein. Sein weinerlicher Tonfall. Seine Selbstgerechtigkeit. Seine verwaschene Sprache. Jetzt mußte sie handeln. Oder nein, eine Chance, eine Chance sollte er noch haben.

»Siegmund«, unterbrach sie ihn. »Wie war das mit Hans? Hans Klein, Klein wie Monika Klein? Ja, ich bin seine Tochter. Warum hast du ihn verraten? Warum konntest du es nicht einfach vergessen, was er dir anvertraut hat? Daß er abhauen wollte?« Sie hielt den Atem an. Vorsichtig löste sie die Großschot aus der Klemme und hielt sie fest.

Ratlosigkeit in seinem Gesicht. Er wandte sich ihr zu, erhob sich leicht schwankend. Kam auf sie zu. Vor dem Bug kräuselte sich das Wasser. Böen.

»Warum?« schrie sie ihn an.

»Die Zeit«, murmelte er. »Es war die Zeit...«

Er taumelte auf sie zu.

Monika duckte sich, stieß die Pinne von sich weg, ließ die Schot los. Wechselte die Seite, immer noch geduckt. Eine Bö erfaßte das Großsegel und warf den Baum herum. Monika konnte nicht sehen, was passierte, aber sie hörte Siegmunds Schrei, fast gleichzeitig mit dem dumpfen Klang, als der Baum ihn mit voller Wucht traf.

Als sie das Boot wieder unter Kontrolle hatte, warf sie einen Blick zurück. Sie verfolgte die schaumige Spur des Kielwassers, bis sie sich verlor. Auf der unendlichen Fläche der Müritz war Siegmunds Kopf ein tanzender Korken, der immer kleiner und unbedeutender wurde.

Man konnte ihr nichts beweisen. Kopftuch und Sonnenbrille hatten ihr Gesicht verborgen, damals, in der Buchhandlung, in der sie das Segelbuch gekauft hatte. In der Stadt, in der sie nie zuvor gewesen war. Die Tragetasche, die Quittung, das Buch: sorgfältig vernichtet. Als sie das Boot auf Grund setzte, brach das Schwert ab. Ein Mann lief auf sie zu. Ihre Beine zitterten, als sie ihm entgegenstürzte. Es war alles gut.

Mäxchen

Es war die dritte Nacht, in der ich mich schlaflos herumwälzte, aufstand, eine Zigarette rauchte, den Sternenhimmel anstarrte und überlegte, was es sein könnte, was mich so nervös machte. Irgend etwas war anders als sonst. Totenstille, und ich hörte meinen gierigen Atemzug beim Inhalieren so deutlich, daß ich die halbgerauchte Zigarette aus dem Fenster schnippte. Als ich dem glühenden Punkt bei seinem taumelnden Fall hinterhersah, wußte ich es mit einer Klarheit, die fast schmerzte: Mord.

Nebenan war ein Mord geschehen, von dem keiner etwas wußte. Nebenan war es so still, daß ich das Blut riechen konnte, das die Wände in kleinen fächerförmigen Spritzern benetzt haben mußte. Oder hatte das Mädchen den Kleinen erstickt, ein Kissen auf das Köpfchen gedrückt, bis die strampelnden Bewegungen in ein kraftloses Zucken übergingen und dann ganz aufhörten?

Ich hätte es wissen müssen. Dieses junge Ding war von Anfang an merkwürdig gewesen. Und ich hatte mich zu spät darauf besonnen, wer und was ich eigentlich war. Ein Kriminalist ist und bleibt einer, auch wenn man mich aufs Abstellgleis geschoben hat. Wäre ich nicht in dieses verdammte Selbstmitleid abgestürzt nach der Entlassung und meiner Scheidung, hätte ich die Tat verhindern können. Die Wände meiner Ein-Raum-Wohnung im Plattenbau sind so dünn, daß ich Mäxchens regelmäßiges Gebrüll, nach dem man die Uhr stellen konnte, als ein Zeichen von Normalität hingenommen habe. Und nun diese Stille...

Mäxchens Mutter kenne ich seit meinem Einzug vor drei Monaten, den ich meinen alten Beziehungen zur Kommunalen Wohnungswirtschaft verdanke, auch wenn die jetzt einen anderen Namen trägt. Da war sie mir aufgefallen, die hochschwangere Neunzehnjährige mit den flammendroten Haaren. Ich trug ihr die schweren Plastiktüten in die Wohnung, stellte mich vor und redete ein wenig mit ihr; schon nach wenigen Minuten wußte ich, was man aus ihrem Leben wissen mußte: daß sie Mandy hieß, bis zur Liquidierung ihres Betriebes in der Produktion für Halbleiter gearbeitet hatte und daß der Vater ihres Kindes in den Westen abgehauen war. Meine Verhörtechnik war schon immer vorbildlich gewesen. Auf meine Frage, wie sie es denn schaffen würde in den heutigen Zeiten, allein mit einem Kind, ohne Arbeit, ohne Solidarität, da lächelte sie nur mit einem merkwürdigen Glanz in den Augen. Da hätte ich wissen müssen, daß sie verrückt war.

In den Tagen vor der Niederkunft sah ich sie öfter, wie sie vor der Klosterkirche am See saß und träumerisch vor sich hin lächelte, als ob sie die Penner nicht sähe, die ihre leeren Bierdosen achtlos auf den Rasen warfen.

Und dann ihr Strahlen, als sie Mäxchen, ein Prachtbaby mit *ihren* flammendroten Haaren, im Kinderwagen durch die Gänge im Supermarkt schob, Windeln kaufte und Babynahrung... Meine Frau hat immer gesagt, daß alle Babys dunkle Haare und blaue Augen haben, aber Mäxchen war anders. Ich glaube, daß ich diesen Winzling liebte. Und jetzt ist er tot.

Nach einer schlaflosen Nacht finde ich mich vor ihrer Tür wieder. Sie muß da sein, aber sie öffnet nicht. Ich drücke auf den Klingelknopf, poche gegen die Tür, hämmere mit den Fäusten, rufe Mandys Namen mit einer heiseren Stimme. Dann trete ich gegen die billige Hartfaserplatte des Türblattes, das sofort splittert. Ich trete, bis ein Loch entsteht und ich vor Anstrengung keuche. Plötzlich reißt

Mandy die Tür auf. Roter Haarschopf über einem kreidebleichen Gesicht. Kreisrunde Augen. Ich stoße die reglose Gestalt zur Seite, schreie nach Max, stürze in das Schlafzimmer, mache Licht. Die Wände weiß, kein Blut. Ihr Bett ist zerwühlt, in der Ecke ein Gitterbettchen. Mandy kreischt, hängt sich an meinen Arm. Ich schleudere sie gegen die Wand, an der sie kraftlos heruntergleitet. Ich reiße die Decke weg.

In dem Bettchen liegt eine Puppe.

»Wo ist das Kind?« Ich bin gefährlich leise. Aus ihren Augen laufen Tränen, wie von selbst. Ihr zusammengesunkener Körper schüttelt sich wie in einem krampfhaften Lachen.

»Was für ein Kind?« sagt sie dann, ganz ruhig, und zeigt auf das Bettchen. Die Puppe hat flammendrote Haare. Mandy ist verrückt. Wir sind beide verrückt.

Blauer Brief

»Was erlauben Sie sich! Wenn das Kind im Unterricht nicht mitkommt, dann ist das ja wohl Ihre Schuld. Unsere Corinna ist immer so brav, macht ihre Hausaufgaben, wie es sich gehört, und überhaupt, sonst höre ich keine Klagen. Und jetzt kommen Sie daher und wollen mir erzählen, das Kind wäre nicht geeignet für das Gymnasium, wo sie doch Klassenbeste war in der Grundschule... Zum Direktor werde ich gehen, darauf können Sie sich verlassen.« Mamis gellende Stimme, und Frau Vogel sagte überhaupt nichts mehr. Corinna, das Ohr am Schlüsselloch, grinste Pit zu und verdrehte die Augen.

Elternsprechtag, und Mami nahm das wörtlich. Quatschte und quatschte, wie zu Hause am Abendbrottisch oder wenn Tante Sina kam; in einem fort redete sie dann, meistens über Corinna: wie hübsch sie geworden sei, wie brav, wie gut in der Schule und daß Corinna es einmal sehr viel besser haben würde im Leben.

Frau Vogel, die alte Schnepfe, setzte ein paar Mal an, aber es reichte nur zu kurzen Einwürfen, wie: »Ich kenne das Mädchen besser!« oder »Glauben Sie wirklich...?« Mami war toll. Legte sich echt ins Zeug, redete ohne Punkt und Komma, drohte, schimpfte und klagte.

Corinna verließ ihren Horchposten und gab Pit ein Zeichen. Wortlos schlenderten sie zum Schulhof und blieben, wie auf ein geheimes Kommando, vor dem verbeulten Renault der Schnepfe stehen.

»Was ist?« fragte Pit und grinste. »Sollen wir?«

Corinna nickte und grinste zurück. Sie wußte, daß sie diese süßen Grübchen kriegte und Pit ihr dann nicht widerstehen konnte. Pit holte zwei Bananen aus seinem Rucksack, schälte sie und begann methodisch, die Bananen in den Auspuff des R 5 zu stopfen. Corinna kniff die Augen zusammen und beobachtete die Umgebung. Kein Mensch zu sehen. Erst als Pit auch noch die Schalen in den Auspuff gepreßt hatte, hörte er auf und besah seine Hände: klebrig, schwarz und mit widerlichen Rändern unter den Nägeln.

»Iiiih«, sagte Corinna. »Faß mich bloß nicht an!« Sie sah ihn herausfordernd an. Pits Augen blitzten auf, und neben der gespielten Entrüstung war da ein Funken echter Wut. Corinna kicherte, warf die roten Haare zurück und rannte weg. Draußen auf der Straße würde sie sich einholen lassen, und dann bekam Pit den Kuß, den er sich verdient hatte. Pit war ein Jahr älter als sie, groß, schlank und blond, alle Mädchen in Corinnas Klasse waren in ihn verknallt, na ja, fast alle, aber nur sie konnte ihn um den Finger wickeln...

Sie kicherte immer noch, als er ihr den Weg versperrte und sie gegen die Hauswand drückte. Corinna kreischte und drehte das Gesicht weg, als er sie küssen wollte. Pit war so süß... Die ganze Zeit über stützte er sich an der Wand ab, sorgsam bedacht, daß er Corinna mit seinen schmutzigen Fingern nicht berührte. Erstaunt stellte sie fest, daß es der erste Kuß war, der ihr wirklich gefiel, daß sich irgend etwas auflöste und ein warmes Gefühl in ihr aufstieg und sie sich einfach nur fallenlassen wollte.

»Du heulst ja«, murmelte Pit. Corinna riß sich los.

»Lachtränen«, sagte sie frech. »Dein blödes Gesicht hättest du vorhin sehen sollen. Und wenn ich mir die Schnepfe vorstelle...« Und sie brach wieder in dieses Schulmädchenkichern aus, das sie selber nicht leiden konnte.

»Hör mal«, Pit blieb ernst. »Das war das letzte Mal heute. So werden wir sie bestimmt nicht los, und überhaupt, langsam sind wir zu alt für diesen Quatsch.« Pit wurde fünfzehn, mußte sich schon rasieren und sprach mit dieser ungewohnt tiefen Stimme, die ihn irgendwie überlegen machte.

»Stimmt«, sagte sie. »Nichts mehr mit Schwamm auf dem Stuhl und Lachsack im Pult. Die Zeiten sind nun wirklich vorbei.« Corinna spürte, wie sich ihr Mund zu einer harten Linie verkrampfte, und versuchte zu lächeln.

Zu Hause war es wie immer. Haushalt, einkaufen, Benni vom Hort abholen, Essen vorbereiten und dann der Versuch, die verdammten Lateinvokabeln zu pauken. Natürlich schrie Benni wie am Spieß, nachdem sie ihn in den Laufstall gesetzt hatte, und sie mußte ihn erst beruhigen. Corinna schaltete den Fernseher an. Benni war viel zu klein, um irgend etwas zu verstehen, aber er konnte stundenlang vor der Mattscheibe sitzen, den Daumen im Mund, und mit großen Augen die bunten Bilder betrachten.

»Auto«, sagte er gerade, als ein schwarzes Wunderauto den Highway entlangbrauste. Corinna nickte und betrachtete den Schauspieler, in den sie verknallt war. Schwarze lockige Haare, eine tolle Figur, und dann diese Augen... Wenn er lächelte, blitzten weiße Zähne in dem sonnengebräunten Gesicht, und der Typ hatte dann so wundervolle Fältchen um die Augen. Corinna seufzte und stellte sich vor, daß dieser Mann sie küßte. Dahinschmelzen würde sie, soviel war sicher. Pit war in Ordnung, schließlich waren alle hinter ihm her, und er hielt zu ihr, alles würde er für sie tun, um der Schnepfe das Leben schwerzumachen, aber er kannte sie, Corinna Stargard, nicht wirklich.

Jetzt füllte eine Großaufnahme den Bildschirm: Der Mann, ein nachdenklicher Blick, dann verengten sich die Augen, und er wußte genau, was zu tun war.

Corinna warf das Lateinbuch auf den Boden. Nie, niemals würde sie den Scheiß kapieren, sie packte es einfach nicht, sie war zu blöd, das war die Wahrheit, Schnepfe hin oder her. Obwohl es bestimmt einfacher wäre, sich durchzumogeln, wenn sie den Schubert oder die nette Frau Wissner in Latein und Deutsch hätte. Sie rannte in ihr Zimmer, das sie mit Benni teilte, und sofort brüllte er wieder los. Der Mann auf dem Poster lächelte sie an, er wußte genau, wer sie war, und lächelte sie trotzdem an. Corinna zuckte zusammen, als sie den Schlüssel in der Wohnungstür hörte. Mami kam nach Hause, Mist, war es schon so spät?

»Mami, bist du das?« rief sie fröhlich. Mami sah etwas erschöpft aus, kein Wunder, erst der Auftritt bei der Schnepfe, dann die Putzstelle, und Benni brüllte immer noch. Aber wie immer kriegte sie die Kurve: Mantel aufhängen, Plastiktüte in die Küche, ein schnelles Begrüßungsküßchen auf die Wange, einige Worte zu Benni, der sofort zufrieden gluckste; das war echt wahnsinnig, wie sie das anstellte. Wie nebenbei sah sie die Post durch, goß die Blumen und räumte einige Dinge weg, die Corinna übersehen hatte. Corinna hob das Lateinbuch auf und blätterte darin herum, bis Mami zum Essen rief. Endlich war Zeit, mit ihr zu reden. Benny war ein richtiger Freßsack und aß mit voller Konzentration. Der würde bestimmt nicht stören.

»Wie war's denn beim Elternsprechtag? Mmmm, schmeckt wirklich lecker«, und Mami sah sie dankbar an.

»Ach Kind«, sagte sie, »diese Frau ist wirklich unmöglich. Überhaupt kein Verständnis hat sie, die glaubt tatsächlich, daß du zu dumm bist für die Höhere Schule. Na, der hab ich vielleicht die Meinung gegeigt! Ins Gesicht habe ich ihr gesagt, daß sie sich bloß nichts einbilden soll auf ihr Latein und auf uns herabsehen, nur weil ich putzen gehe. Da habe ich kein Blatt vor den Mund genommen, das kannst du mir glauben!«

Mami log. Nichts in der Art hatte sie gesagt. Gedacht hatte sie es vielleicht, sich vielleicht sogar fest vorgenommen, so was zu sagen, aber... Corinna merkte, daß Mami sie ansah, und wurde rot.

»Klasse, Mami«, meinte sie schließlich und starrte auf ihren Teller. »Der hast du es aber richtig gegeben, der alten Schnepfe. Sie ist ätzend, habe ich doch schon immer gesagt!« Eine Weile war es still. Benni schmatzte vergnügt. Dann Mamis Stimme, ganz leise.

»Du schaffst es doch, oder?«

»Na klar«, antwortete Corinna und wunderte sich, wie fest ihre Stimme klang.

Der blaue Brief kam drei Wochen später. Corinna riß den Umschlag auf, ungeduldig, mit zitternden Händen, als ob es noch Hoffnung gäbe. Aber da stand es, Schwarz auf Weiß, Versetzung gefährdet, Notendurchschnitt, Ausgleichsnoten... Und die Unterschrift: Vogel, Oberstudienrätin. Die Schnepfe. Die würde ihr niemals ein Ausreichend geben in den letzten beiden Arbeiten, Deutsch und Latein. Alles war aus. Corinna knüllte den Brief zusammen und wußte, daß es keine andere Wahl gab.

Danach geschah alles genauso, wie sie es sich vorgestellt hatte. Sogar das erste Mal, an einem Sonntagnachmittag in Pits Zimmer auf der Klappcouch, entsprach ihren Vorstellungen. Ungeschicktes Berühren, verlegenes Ausziehen, und dann dieses warme, lebendige, harte Stück Fleisch zwischen ihren Beinen, das sie nicht anzuschauen wagte und das nicht hineinpassen würde. Und es ging auch nicht, bis Pit sie in die Schulter biß, keuchend, und sie ihn tröstete, und auf einmal tat es weh und dann nicht mehr. Es war schnell vorbei, sie blutete, und Pit sah so glücklich aus, daß Corinna weinte. Weil er ihr so nah war, so nah wie nie zuvor, war alles überhaupt kein Problem. Es war so leicht, ihn herumzukriegen, nur ein paar Sätze. »Und wenn wir uns nicht mehr sehen, was dann? Mami nimmt mich von der Schule, wenn ich sitzenbleibe. Und du wirst mich vergessen... Bei der Wissner hätte ich eine Chance«, und sie weinte schon wieder. Pit sah sie an mit einem Blick, wie ihn der Mann auf dem Poster hatte. Sie überlegten nicht lange, wie sie es machen sollten. Irgendwie war die Sache klar. Der verbeulte Wagen der Schnepfe, ihre hektische Art, es konnte nur so und nicht anders gehen.

Schon am nächsten Tag stand Corinna an der vereinbarten Stelle. Pit trug einen Motorradhelm und fuhr ein Mofa ohne Versicherungskennzeichen. Er wartete in der Seitenstraße, sie stand an der Ecke. Corinna lehnte sich gegen einen der Straßenbäume und hörte seinen Satz »Besuchst du mich im Krankenhaus, wenn es schiefgeht?« immer wieder. Als sie das Auto der Schnepfe sah, gab sie Pit das Zeichen. Dann ging alles sehr schnell: Pit fuhr los, direkt in ihre Spur, die Schnepfe bremste und zog das Fahrzeug nach links. Corinna schloß die Augen, als sie quietschende Geräusche und dann den dumpfen Aufprall und das Splittern von Glas hörte. Als sie die Augen öffnete, war alles so, wie es sein sollte, und ihr Herz klopfte. Pit winkte ihr ungeduldig zu, und sie rannte hin, schwang sich auf das Mofa. Die Arme um seinen Leib geschlungen und den Kopf an seinem Rücken, fühlte sie sich so sicher, daß sie zurückschaute. Pit fuhr, und das Auto am Straßenbaum, die zusammengesunkene Gestalt mit dem Kopf auf dem Lenkrad, das Rot von Blut und die Glassplitter auf der Straße schrumpften zu belanglosen, immer kleiner werdenden Bildern. Das Mofa bog um die Ecke. Corinna spürte den Wind auf ihrem Gesicht.

Unbezahlte Überstunden

Er liebte sein Büro, ganz besonders in diesen Stunden, in denen er ganz allein war, kein Telefonanruf, kein Bote, keiner dieser bornierten Kollegen, einfach nichts und niemand seine Konzentration störte; wenn der Lärm der Straße abebbte und das Licht kaum noch seinen Verschlag, in den man ihn abgeschoben hatte, erreichte. Dann schaltete er seine Schreibtischlampe mit dem grünen Schirm an, die den Schreibtisch, das kunstvolle Arrangement von Akten, Kugelschreibern, Stempeln, Locher und Heftklammern und auch ihn selbst in ihren warmen Schein hüllte. Nur schemenhaft waren die Regale zu erkennen, auf denen ein Aktenordner neben dem anderen stand, alle mit fortlaufenden Jahreszahlen beschriftet und längst mikroverfilmt.

Klaus Mertens hielt nichts von dieser neumodischen Erfindung. Eine Akte war und ist etwas Solides, auch wenn das Papier vergilbte und die Schrift verblaßte. Gut, daß er die Revolutionierung durch das papierlose Büro mittels computergesteuertem work-flow nicht mehr miterleben würde, alles Quatsch, nein, viel gefährlicher noch, alles eine Verschwörung, um diesem Mr. Steinhoff noch mehr Macht zu verschaffen, als er sowieso schon hatte. Wer garantierte denn dafür, daß der saubere Herr sich nicht einfach in den PC seines Untergebenen einloggte und etwas manipulierte oder gar löschte? Nur um ihn dann hinterher bei der Geschäftsleitung anzuschwärzen, wie so oft. Dieser Klaus Mertens, na ja, er ist schon etwas älter, aber das hätte er einfach sehen müssen, daß der Kunde die Prämie nicht gezahlt hat, da kann er doch nicht hergehen und den Schadensfall regulieren, da, sehen Sie, Zahlung veranlaßt am 3.7., ein Glück, daß wir ihn nur noch die Bagatellschäden bearbeiten lassen...

Klaus Mertens seufzte und streckte sich. Eines Tages würde er diesen Steinhoff, Eberhard hieß er mit Vornamen, erledigen. Seit Jahren schon sammelte er Beweise, all die Vermerke, die Steinhoff nahezu täglich anfertigte und die er hochtrabend »Memo« nannte, from und to, in der Regel an alle, die es wissen und nicht wissen wollten, was dem Herrn so alles einfiel, um sich zu profilieren. Heute ordnete er an, daß die Mitarbeiter der Schadensabteilung nur für bestimmte Direktionen zuständig seien, am nächsten Tag warf er alles über den Haufen, und es ging auf einmal nach Anfangsbuchstaben des Versicherungsnehmers. Kein Wunder, daß es in dieser Abteilung drunter und drüber ging. Gestern noch mußten die Zahlungsanweisungen mit dem gesamten Vorgang vorgelegt werden, heute schrieb er rum, daß doch allgemein bekannt sein müsse, daß die sachliche Prüfung bereits durch Abteilung II erfolge und die Anweisungsstelle nicht, ich betone nochmals, nicht mit euren verdammten Papierbergen zugeschmissen werden solle. Natürlich hatte er hierüber wieder ein Memo verfaßt, sich und seine Unentbehrlichkeit als Abteilungsleiter dokumentiert. From: AL Steinhoff to: Sachbearbeiter der Abt. III, Durchschlag an die Geschäftsleitung. Hatte wohl selbst eins aufs Dach gekriegt, der Kerl. Mitleid mit dem? Niemals. Bald würde die Bombe platzen. Er, Klaus Mertens, hatte die Maschinerie angeworfen, und keiner konnte sie stoppen. Nicht einmal die graumelierte Eminenz aus der Vorstandsetage, die den lieben Ebi von Anfang an protegiert hatte; so weit würde der Herr nicht gehen, einen Betrüger zu decken, dann wäre er selbst weg vom Fenster. Und wenn die Behörden versagten, blieb immer noch die

Presse, die Druck machen konnte. Obwohl, Ebi Steinhoff wäre wohl eine Nummer zu klein für die, es sei denn, er würde denen noch stecken, mit welchen Damen der guten Gesellschaft der Kerl etwas hatte. Gattinnen von guten Kunden selbstverständlich, deren Schadensfälle Steinhoff mit lautloser Eleganz und kulanter Nonchalance höchstpersönlich bearbeitete. Ein wenig Observation noch, ein paar Fotos, dann wäre die Sache rund und der Skandal perfekt. Das Klicken der Handschellen im Blitzlichtgewitter, eine angebotene Beurlaubung, einige diskrete Scheidungen, hysterisches Gekeife in Villenvororten und verkrampfte Demonstration einer glücklichen Ehe bei der Opernpremiere.

Für eine einzige Szene hätte sich der ganze Aufwand gelohnt: Steinhoff im zerknitterten Leinenjackett, die Krawatte lockernd, mit leerem Blick den Herrn in der schwarzen Robe anstarrend, wenn dieser die Worte donnert: wird angeklagt. WIRD ANGEKLAGT.

Klaus Mertens fuhr zusammen. Er hatte nicht gehört, daß jemand sein Zimmer betreten hatte und nun vor ihm stand, Standbein, Spielbein, arrogant lächelnd, einige Blätter Papier in der Hand. Die Konfrontation kam eher als erwartet, aber Steinhoff sollte sich nicht täuschen: auf diese Szene hatte er sich vorbereitet, jahrelang.

»Ich sehe, Sie arbeiten abgelegte Vorgänge auf, das paßt zu Ihnen. Wenn Sie jedoch glauben, daß wir Ihnen diese Überstunden vergüten, haben Sie sich verrechnet. Sie werden schon merken, was Sie davon haben.« Steinhoff sprach leise, aber pointiert. Seine gefährlichste Stimme; wenn er schrie, war alles mehr oder weniger in Ordnung, daran konnte man sich gewöhnen. Seine leise, vor unterdrückter Wut bebende Stimme war es, die Karrieren beendete und Existenzen vernichtete.

Klaus Mertens lehnte sich zurück. Sein Bauch wölbte sich. Das Hemd spannte, so daß die Knopfleiste rautenförmige Einblicke auf das feingerippte Unterhemd gewährte. Mertens bewegte die Zehen in den bequemen Sandalen und grinste zufrieden. Showdown, nun gut. Konnte er haben.

»Wollen Sie sich nicht setzen? Hier gibt es zwar nur diesen unbequemen Holzstuhl, mehr wird einem Sachbearbeiter mit Zeichnungsrecht für den Bagatellfall nun mal nicht zugestanden, aber bitte. Was führt Sie in meine bescheidene Hütte?«

»Danke, ich stehe lieber«, sagte Eberhard. Stehen, lachhaft, ein so sportlich-durchtrainierter Typ wie der konnte doch überhaupt nicht nur einfach so dastehen. Natürlich lief er herum, federnd, unruhig, mit dieser gebändigten Kraft, die die Weiber wohl an ihm liebten. Jetzt hatte er den Lichtschalter gefunden und konnte nicht widerstehen, die Atmosphäre des Raumes zu bestimmen, der plötzlich, in kaltes Neonlicht getaucht, so schäbig aussah, wie er war. Das einzig Elegante in diesem Zimmer war Steinhoff in seinem hellgrauen Seidenanzug, der eine Spur zu groß war, oder trug man das heute so, wenn man einen schlanken Körper hatte? Steinhoffs weinroter Schlips baumelte über Mertens Schreibtisch.

»Was haben Sie sich eigentlich dabei gedacht? Die Rache des kleinen, komplett unfähigen Sachbearbeiters? Natürlich anonym, die Anzeige, feige wie immer. Aber Ihr Stil hat Sie verraten. So kleinkariert denkt hier nur einer, und so altmodisch formuliert hier auch nur einer: ›...darf ich Ihnen einen Sachverhalt zur Kenntnis bringen, der den Verdacht einer Straftat nahelegt.‹ Und hier: ›...ist mir zu Ohren gekommen, daß den Beschuldigten ein unschickliches Verhältnis mit der Ehefrau des Versicherungsnehmers verbindet.‹ Und wenn ich die Dame tausendmal gebumst hätte, was geht Sie das an? In Ihrem Alter läuft doch sowieso nichts mehr, sehen Sie doch mal in den Spiegel. Auch wenn Sie zwanzig Jahre jünger wären, hätten Sie null Chance, Sie aufgeblasener Spießer. So einen bebrillten Fettsack wie Sie nimmt doch keine, die einigermaßen was zu bieten hat. Nur weil Sie sexuellen Notstand haben, brauchen Sie mir keinen reinzuwürgen. Das ist einfach ekelhaft.« Seine wasserhellen Augen blitzten. Klaus Mertens schluckte. Das lief aus dem Ruder. So war das nicht geplant.

»Wenn Sie sonst nichts zu sagen haben, halte ich eine Fortsetzung der Unterhaltung für wenig sinnvoll«, sagte er steif. Sein Herz klopfte. In den Achselhöhlen juckte es. Steinhoff lachte. Er lachte vollkommen natürlich, als ob ihn etwas amüsiere.

»Wo haben Sie denn diesen Satz aufgeschnappt? Sie haben da wohl etwas durcheinandergebracht, wie üblich. Den Anfang und das Ende unserer Unterhaltung bestimme ich, und über das Ende werden Sie nicht erfreut sein. Überhaupt nicht.« Er entfernte ein imaginäres Stäubchen von seinem makellosen Anzug und betrachtete Mertens wie ein lästiges Insekt.

»Ich wundere mich«, Mertens räusperte sich und setzte noch einmal an, »ich wundere mich wirklich, daß Sie noch kein Wort zu dem Vorwurf gesagt haben, um den es geht. Beihilfe zum Versicherungsbetrug und Untreue zum Nachteil unseres Hauses. Daß Sie einen unmoralischen Lebenswandel führen, was soll's, heutzutage scheint das ja keinen mehr aufzuregen. Obwohl, Korruption fängt genau da an. Menschen benutzen und dann wegschmeißen, nach oben dienern und nach unten treten, kleine Gefälligkeiten, die zu großen werden. Und am Ende gibt es nur noch Dreck. Abschaum wie Sie, der nicht das kriegt, was er verdient. Der keine müde Mark wert ist und dem die Tausender hinterhergeworfen werden, nur weil die an der Macht bloß auf das Ergebnis schielen. Das ist ekelhaft, sonst nichts.« Seine Stimme schwankte. Seine schweißnassen Hände verkrampften sich um die Armlehnen seines Bürostuhls. Steinhoff, der wieder im Zimmer umhergelaufen war, wirbelte herum.

»Sie geben es also zu? Interessant. Bis jetzt habe ich ja nur geahnt, wer der Verfasser dieses üblen Machwerks ist, das mir die Staatsanwaltschaft freundlicherweise zur Stellungnahme zugeschickt hat. Nun ist die Sache klar. Ihnen hoffentlich auch, ich meine, die Konsequenzen. Fristlose Kündigung, Strafanzeige wegen falscher Verdächtigung, und dann dürfen Sie bis zur Rente erst mal von der Stütze leben, mal sehen, ob Ihre Ehe das aushält.«

Charlotte. Charlotte hatte sich verändert in der letzten Zeit, behandelte ihn wie einen Hotelgast, freundlich, distanziert und wie Luft, wenn er sie nicht ansprach oder etwas von ihr wollte. War sie nicht immer wie erleichtert, wenn er sagte, daß er jetzt gehe? Hatte sie nicht immer diese Härte im Blick, wenn sie erklärte, daß sie jetzt mit einer Freundin verabredet sei oder zum Friseur müsse, als ob sie darauf wartete, daß er etwas dagegen vorbringen könne?

Klaus Mertens stand auf. Seine Kniegelenke knackten, und der Schmerz schoß hoch bis in die Oberschenkel. Angeklagt, dachte er, angeklagt ist dieser Kerl. Nicht du.

»Sie haben«, begann er mit fester Stimme, »den Brandschaden des Leiters der Verkehrsbetriebe reguliert. Sie haben Möbel im Wert von 180000,– DM ersetzt, die Sie einen Monat vorher als Hausrat der Ferienwohnung versichert haben. Dieselben Möbel! Die waren schon gar nicht mehr im Haus, als es da brannte, die standen schon in der Ferienwohnung. Und das wußten Sie, Sie selbst haben einige schöne Stunden mit der Dame des Hauses dort verbracht. Sie haben dem Mann die Scheidung finanziert, was meinen Sie, warum es da gebrannt hat.« Angeklagt, angeklagt, hallte es in seinem Kopf.

Steinhoff lächelte.

»Das dürfte wohl noch eine Anzeige geben. Ich weiß

wirklich nicht, was Sie wollen. Die Ermittlungen wegen Brandstiftung richteten sich gegen Unbekannt, das Verfahren ist und bleibt eingestellt, da nützt auch Ihr Briefchen nichts. Haltlose Vorwürfe. Oder haben Sie vielleicht irgendwo mein Zeichen in dieser Akte mit der Hausratversicherung gefunden? Oder meinen Sie, die Dame oder ich würden jemals aussagen, daß ich in dieser Wohnung war? Sie selbst können es nicht wissen, die Wohnung liegt in der Schweiz, und Urlaub hatten Sie nicht. Mein Lieber«, er stach seinen Zeigefinger in die Luft, zielte genau auf Mertens' Bauch, »Sie haben das Geschäft bis heute nicht kapiert. Wir sind nicht päpstlicher als der Papst. Wir regulieren, wenn die zuständigen Behörden keinen Tatverdacht äußern, Schluß, aus. Sollen wir etwa einen Großkunden verlieren, nur weil wir ahnen, was da gelaufen ist? Sie dagegen sind ein Erbsenzähler, der einen Abzug Neu für Alt bei einer 100-Mark-Fensterscheibe macht, die der Sohnemann beim Fußballspielen zerdeppert. Das, was Sie dadurch sparen, ist sofort wieder weg, wenn der Kunde abwandert. That's the name of the game, machen Sie sich nichts vor. Bei dem kleinen Gehalt, das Sie bei Ihren Fähigkeiten gerade mal kriegen können, können Sie sich Ihre Moral vielleicht noch leisten. Aber ich wette, die leisten Sie sich sowieso nur, weil Sie nichts verdienen.«

Jetzt schnippte Steinhoff auch noch eine Zigarette aus der Packung, die er seiner Jackentasche entnommen hatte, zündete die Kippe an und rauchte genießerisch. Und das in seinem Nichtraucherzimmer!

Klaus Mertens sprang auf und riß das Fenster auf. Der Himmel war von einem samtenen Mittelblau und schien ihn zu verhöhnen. Wie das leise Lachen hinter ihm, der widerliche Zigarettenqualm, die sinnlos dem Archiv entrissenen Aktenordner. Er mußte sich an dem Fensterbrett abstützen, sonst hätte das Schwächegefühl, das sich lähmend in ihm ausbreitete, die Oberhand gewonnen. Er atmete tief

Irgendwie geht es ja immer weiter. Aber daß er sich so schnell was Neues sucht, und dann auch noch diese, na ja, man will ja nichts sagen, sie hatte es auch nie leicht. Ob das gutgeht, ich weiß es nicht... Genau. Aber was sollen wir denn sagen? Das große Los haben wir schließlich auch nicht gezogen, du mit deinem Walter und ich mit meinem Klaus. Jammern wir deshalb etwa oder suchen uns was anderes? Na, siehst du. Klausi ist zwar ein richtiger Langweiler, manchmal stiert er nur vor sich hin, du, der ist dann ganz woanders, aber solide ist er, doch. Jetzt könnte er sich doch wirklich etwas mehr pflegen, mal was für sich tun, in seinem Alter, und was ist? Er macht hier was, er macht da was, stell dir vor, mein Fahrrad will er reparieren, ich hab ja nichts gesagt, soll er mal, obwohl, ich fahre überhaupt nicht mehr mit dem Ding... Doch, genau so ist es. Die Leere, wem sagst du das. Gott, jetzt hab ich mich richtig verquatscht, um sieben wollten wir essen, und ich habe noch gar nichts... Ja, tschüß dann, bis bald.« Sie legte auf und erhob sich mit geradezu jugendlichem Schwung.

Klaus Mertens sah seine Frau an, als sähe er sie zum erstenmal. Die praktische Kurzhaarfrisur mit den blondierten Strähnen. Kleine graue Augen, die alles sahen und nichts ausstrahlten. Das Netz von Falten in den Augenwinkeln, die schweren Tränensäcke. Die Nase war einfach nur eine Nase, und der Mund in dem spitzen Gesicht das einzig Lebendige. Immer in Bewegung, auch wenn sie nichts sagte. In letzter Zeit hatte sie einen nervösen Tick, der ihre linke Unterlippe unschön zur Seite schnellen ließ. Charlotte trug einen schwarzen Rollkragenpullover, der ihre schlaffen Halssehnen verbarg und sie jünger machte, auch, weil man ihre kleinen spitzen Brüste mehr ahnte, als daß man sie sehen konnte. Ihre langen dünnen Beine konnte man als elegant bezeichnen, jedenfalls wenn sie in diesen engen Hosen steckten. Auf den Fußrücken wanden sich blau-violett geschwollene Adern, und die rotlackierten

Fußnägel stachen grotesk hervor aus ihrer Umgebung von welkem weißem Fleisch und gelber Hornhaut.

Klaus Mertens schluckte. Warum hatte er diese Frau geheiratet?

»Hach, du bist's, du hast mich vielleicht erschreckt«, Charlottes Mund bewegte sich wild. »Wie war es denn so? Ach je, wie ich eben schon zu Herta sagte, ich habe das Essen noch gar nicht fertig, ich werfe mal eben eine Pizza in den Backofen, Salami magst du doch, oder kann es auch Peperoni sein?« Schon war sie an ihm vorbei. Sie hatte nichts bemerkt. Sie ignorierte ihn wie immer. Dabei mußte er doch ganz anders aussehen als sonst. Entschlossener. Männlicher. Wie jemand, der es endlich geschafft hat. Er ging ihr hinterher. Im Flur blieb er stehen und musterte sich. Der Spiegel warf ein Bild zurück, mit dem er sich nicht beschäftigen mochte. Etwas Weißes, Teigiges grinste ihm da entgegen. Konturen verlieh nur die viereckige Brillenfassung aus schwarzem Kunststoff, die ein Kassengestell war und auch genauso aussah. Es hatte ihn nie gestört; Charlotte sehr wohl, was hatte sie genörgelt, jahrelang hatte sie gemeckert, bis sie eines Tages damit aufgehört hatte. Wenn er sich nur noch daran erinnern könnte, wann das gewesen war. Und was noch alles aufgehört hatte in diesem Moment.

Charlotte riß energisch die Plastikfolie von der tiefgefrorenen Pizza, redete dabei unentwegt und kommandierte ihn herum, hol mal dies, hol mal das, kannst du nicht eben mal... Wie weit bist du denn nun mit meinem Rad, warst du nicht vorhin im Keller...

Er war froh, als er draußen bei den Mülltonnen stand und die Ruhe der Vorstadtsiedlung sich bleiern auf ihn legte. Ihm fiel auf, daß er die Füße nicht ordentlich hob beim Gehen, er schlurfte richtig, lachhaft, gerade heute fiel ihm das auf, wo er doch bewiesen hatte, daß er konsequent sein konnte, wenn es darauf ankam. Tatkräftig wie ein Junger. Um ihn herum die ersten bläulichen Fenstervierecke, die Fanfare der Tagesschau. Er hatte viel Zeit vertrödelt, er mußte zurück. Langsam setzte er sich in Bewegung, als er das Licht, das aus einem Kellerfenster in den Garten fiel, erblickte.

»Nein«, hörte er sich schreien. »Nein, komm da raus! Du sollst doch nicht...« Er rannte los, sein massiger Körper schien zu fliegen, schwerelos, er lief zurück zum Haus, warf sich gegen die angelehnte Haustür. Der Schmerz war nichts gegen seine Wut. Er riß die Kellertür auf, daß sie gegen die Wand schlug und wieder zurück gegen seine Schulter. Er stürzte die Treppe hinunter, verlor für einen Moment die Orientierung, wählte den richtigen Gang und öffnete den roh gezimmerten Verschlag.

Charlotte lehnte gegen die Regalwand mit den Aktenordnern, die mit fortlaufenden Jahreszahlen beschriftet waren, als ob sie etwas brauche, an dem sie sich festhalten müsse. Der Schein der Schreibtischlampe warf sein warmes Licht auf ein kunstvolles Arrangement von Akten, Kugelschreibern, Stempeln und Heftklammern. Charlottes Augen waren riesig.

»Du rauchst ja wieder«, sagte sie. »Du hast doch seit deinem Vorruhestand vor zwei Jahren nicht mehr geraucht.« Sie wich zurück, als er näherkam. Er keuchte vor Wut und Anstrengung.

»Was habe ich dir gesagt? Hier hast du nichts verloren«, zu spät, viel zu spät. Es war alles vorbei.

»Ich wollte doch nur nachsehen, wie weit du mit meinem Fahrrad – Klaus! Was soll das denn!« Es war zu spät. Er hatte den schweren Locher aus Metall ergriffen, der neben der Geranie auf der Fensterbank stand.

Er hob ihn hoch, bis die Kurve ihren Scheitelpunkt erreicht hatte.

Quellenverzeichnis

Seite 7 Falscher Fünfziger
aus: ›Der Mörder bläst die Kerzen aus‹.
Hg. Leo P. Ard
© Grafit Verlag GmbH, Dortmund 1993.
Abdruck mit Genehmigung der Autorin.

Seite 16 Karrieren
Erstveröffentlichung.
© Fischer Taschenbuch Verlag GmbH,
Frankfurt am Main 1996

Seite 31 Täubchen
Erstveröffentlichung.
© Fischer Taschenbuch Verlag GmbH,
Frankfurt am Main 1996

Seite 49 Gelungene Operation
aus: ›Der Mörder kommt auf Krankenschein‹.
Hg. Leo P. Ard
© Grafit Verlag GmbH, Dortmund 1994.
Abdruck mit Genehmigung der Autorin

Seite 59 Drei Wünsche
Erstveröffentlichung.
© Fischer Taschenbuch Verlag GmbH,
Frankfurt am Main 1996

Seite 72 King
aus: ›Der Mörder kommt auf sanften Pfoten‹.
Hg. Leo P. Ard
© Grafit Verlag GmbH, Dortmund 1995.
Abdruck mit Genehmigung der Autorin.

Seite 78 Grüne Sauce
aus: ›Der Mörder ist immer der Gärtner‹.
Hg. Leo P. Ard
© Grafit Verlag GmbH, Dortmund 1993.
Abdruck mit Genehmigung der Autorin.

Seite 87 Teufelskreis
Erstveröffentlichung.
© Fischer Taschenbuch Verlag GmbH,
Frankfurt am Main 1996

Seite 96 Mann über Bord
aus: ›Der Mörder bricht den Wanderstab‹.
Hg. Leo P. Ard
© Grafit Verlag GmbH, Dortmund 1994.
Abdruck mit Genehmigung der Autorin.

Seite 103 Mäxchen
Erstveröffentlichung in: ›Das Magazin‹
Wochenendbeilage des Tages-Anzeiger, Zürich, und der Berner Zeitung, Nr. 45 / 1995.
Abdruck mit Genehmigung der Autorin.

Seite 106 Blauer Brief
aus: ›Der Mörder schwänzt den Unterricht‹.
Hg. Leo P. Ard
© Grafit Verlag GmbH, Dortmund 1994.
Abdruck mit Genehmigung der Autorin.

Seite 112 Unbezahlte Überstunden
Erstveröffentlichung.
© Fischer Taschenbuch Verlag GmbH,
Frankfurt am Main 1996

Fischer Frauenkrimi

Ora Schem-Ur
Mord in der Knesset
Band 12583
Mord am Toten Meer
Band 12871

Shirley Shea
Jagdtrieb
Band 12824
Katzensprung
Band 11021

Katrin & Erik Skafte
Lauter ganz normale Männer
Ein Krimi – Nur für Frauen
Band 4732

Julie Smith
Blues in New Orleans
Band 10853

Julie Smith
Hellseher & Co.
Band 12867
Huckleberry kehrt zurück
Band 10264
Die Jazzband spielt das Requiem
Band 12431
New Orleans Beat
Band 12873
Die Sauerteigmafia
Band 10475
Ein Solo für den Sensenmann
Band 11615
Stumm wie ein Fisch
Band 11720

Jean Warmbold
Der arabische Freund
Band 12024
Totschweigen
Band 12936

Mary Wings
Himmlische Rache
Band 12153

Gabriele Wolff
Armer Ritter
Band 12069
Himmel und Erde
Band 11394
Kölscher Kaviar
Band 11393
Liebhaber und andere Opfer
Band 12070
Rote Grütze
Band 12530
Von toten Ratten & zahmen Tauben
Band 13413

Gabriele Wolff (Hg.)
Still und starr ruht der See
Band 12071

Fischer Taschenbuch Verlag

fi 23 / 7 d